MARCO POLO

SPRACHFÜHRER ITALIENISCH

W0334057

NIE MEHR SPRACHLOS!

Einfach kurz nach dem Weg fragen? Einen netten Plausch mit Einheimischen führen? Die exotische Speisekarte im Restaurant verstehen? Auch in Notfällen blitzschnell reagieren können? In all diesen Situationen ist der MARCO POLO Sprachführer der beste Begleiter für Ihren Urlaub.

Nach Reisethemen geordnet, gibt der Sprachführer schnelle Orientierung und sorgt dafür, dass Sie in jeder Situation die richtigen Worte parat haben und mitreden können.

Für das ganz leichte Gepäck ist der heraustrennbare Spickzettel mit den allerwichtigsten Wendungen perfekt. Und sollten Sie doch mal sprachlos sein: Da helfen die praktischen Zeigebilder ganz unkompliziert weiter.

Viel Spaß auf Ihrer Reise!

www.marcopolo.de/italienisch

ITALIENISCH

sci

la**sci**are (lassen)

vor „a, o, u“:
wie deutsches „sch“

> EINFACHE AUSSPRACHE

Keine Scheu, einfach loslegen!
Die korrekte Aussprache lernen Sie schnell.
Zu Beginn des Sprachführers erläutern wir Ihnen kurz und knackig, was Sie beachten sollten. Erfolg ist damit garantiert!

> ZEIGEBILDER

Bilder machen die Verständigung noch leichter. Ob beim Shoppen, im Restaurant, im Hotel oder bei Fragen zum Auto: Unsere Zeigebilder helfen in jedem Fall schnell weiter.

> SCHNELL NACHGESCHLAGEN

VON A BIS Z
Die wichtigsten Themen alphabetisch sortiert: vom Arztbesuch bis zum Telefongespräch.

WÖRTERBUCH
Hier finden Sie die 1333 wichtigsten Begriffe. Einfach praktisch!

DAS WICHTIGSTE AUF EINEN BLICK .... UMSCHLAG
SPICKZETTEL | ZAHLEN, MASSE, GEWICHTE | ZEITANGABEN | RICHTUNGSANGABEN

FARBEN, MUSTER, MATERIALIEN 4
AUSSPRACHE 5

REISEPLANUNG 6
BUCHUNG PER E-MAIL 6 FRAGEN ZUR UNTERKUNFT 8

IM GESPRÄCH 10
IM GESPRÄCH 10 ZEIT 16 WETTER 19

UNTERWEGS 20
WO GEHT'S LANG? 20 AN DER GRENZE 22 ... MIT DEM AUTO/MOTORRAD/FAHRRAD 23 ... MIT DEM FLUGZEUG 29 ... MIT DEM ZUG 31 ... MIT DEM SCHIFF 32 NAHVERKEHR 34 MITFAHREN 35

ESSEN UND TRINKEN 36
ESSEN GEHEN 36 SPEISEKARTE 46 GETRÄNKEKARTE 52

EINKAUFEN 54

ÜBERNACHTEN 68
AUSKUNFT 68 ... IM HOTEL 69 ... IM FERIENHAUS 74 ... AUF DEM CAMPINGPLATZ 76 ... IN DER JUGENDHERBERGE 77

INHALT

> SPEISEKARTE

Mit Spaß bestellen und mit Genuss essen – denn für Sie ist die Speisekarte in Landessprache ab jetzt kein Buch mit sieben Siegeln mehr.

> VOLLES PROGRAMM

Kultur oder Action, Sprach- oder Kochkurs, Tauchen oder Theaterabend: Formulierungen, die dafür sorgen, dass Ihr Urlaub noch spannender wird.

> WIE DIE EINHEIMISCHEN

Insider Tipps Damit Sie als echter Insider gelten, nicht als Tourist.

BLOSS NICHT!
Hilft, Fettnäpfchen zu vermeiden.

ACHTUNG! SLANG
Einheimische noch besser verstehen!

VOLLES PROGRAMM 78
AUSKUNFT 78 SEHENSWÜRDIGKEITEN/MUSEEN 79 AUSFLÜGE 81
AM ABEND 82 STRAND UND SPORT 84 KURSE 89

ACHTUNG! SLANG 90
ALLTAG 92 ESSEN 95 AUSGEHEN 95 MANN UND FRAU 97 SCHIMPFEN, LÄSTERN, FLUCHEN 98 UNAPPETITLICHES 100 GELD 100 ARBEIT 101
WETTER 102

IMPRESSUM 103

VON A BIS Z 104
ARZT 104 BANK/GELDWECHSEL 111 FARBEN 112 FOTOGRAFIEREN 113
FUNDBÜRO 113 HANDY, TELEFON & CO. 114 MIT KINDERN UNTERWEGS 116
POLIZEI 116 POST 118 TOILETTE UND BAD 119

WÖRTERBUCH 120

BLOSS NICHT! 136

DAS WICHTIGSTE AUF EINEN BLICK .... UMSCHLAG
WIE BITTE? | DIE WICHTIGSTEN FRAGEN

WORTLOS GLÜCKLICH: ZEIGEBILDER

Farben, Muster, Materialien helfen Ihnen beim Einkaufen. Weitere Helfer für (fast) jede Gelegenheit finden Sie in diesem Sprachführer.

> www.marcopolo.de/italienisch

AUSSPRACHE

Im Allgemeinen wird das Italienische so ausgesprochen, wie es geschrieben wird. Die Betonung liegt bei den meisten mehrsilbigen Wörtern auf der vorletzten Silbe: ristorạnte, venịre. Abweichungen werden hier durch einen Punkt unter dem betonten Vokal angegeben (pịccolo, giọvane).

Besonderheiten

c, cc	wie deutsches „tsch“: vor den Vokalen „e, i“	a**cc**ento
	sonst wie deutsches „k“ (ohne Hauch)	**c**lasse
ch, cch	wie deutsches „k“ (ohne Hauch)	**ch**e, pa**cch**i
ci, cci	wie deutsches „tsch“: vor „a, o, u“	**ci**ao!
g, gg	wie deutsches „g“: vor Konsonant und „a, o, u“	**g**rande
	wie „dsch“ in „Dschungel“ (weicher): vor „e, i“	**g**ente, o**gg**i
gl	ungefähr wie in „Familie“	fi**gl**io
gn	wie in „Kognak“	ba**gn**o
sc	wie in „Skala“: vor Konsonanten und	**sc**rivere
	vor „a, o, u“	**sc**usi
	wie deutsches „sch“: vor „e, i“	pe**sc**e, u**sc**ita
sch	wie in „Skala“	I**sch**ia
sci	wie deutsches „sch“: vor „a, o, u“	la**sci**are
v	wie deutsches „w“	**v**espa

MÄNNLICH ODER WEIBLICH?

Im Italienischen kein Problem: denn im Normalfall enden die weiblichen Hauptwörter auf **-a** (z. B. la cas**a**: das Haus), die männlichen auf **-o** (il bagnin**o**: der Bademeister). Nur bei Abweichungen von dieser Regel (man**o** f Hand) und bei anderen Endungen (canzon**e** f Lied) wird das Geschlecht der Substantive angegeben.

ABKÜRZUNGEN

adj	Adjektiv	aggettivo
adv	Adverb	avverbio
etw	etwas	qualcosa
f	Femininum, weiblich	femminile
jdm	jemandem	a qualcuno
jdn	jemanden	qualcuno
m	Maskulinum, männlich	maschile
pl	Plural	plurale
qc	etwas	qualcosa
qlc	jemand/en	qualcuno

> EXTRABETT IN STRANDNÄHE

Ob Sie ein Traumhotel am Meer suchen oder ein Zusatzbett im Zimmer brauchen: Formulieren Sie Ihre Urlaubswünsche per E-Mail oder am Telefon – und gehen Sie ganz entspannt auf Reisen.

BUCHUNG PER E-MAIL

HOTEL | ALBERGO

Sehr geehrte Damen und Herren,
am (24.) und (25.) Juni benötige ich für (zwei) Nächte ein Einzel-/Doppel-/Zweibettzimmer. Bitte teilen Sie mir mit, ob Sie ein Zimmer frei haben und was es pro Nacht (einschließlich Abendessen) kostet.
Mit freundlichen Grüßen

REISE PLANUNG

Vorrei prenotare una camera singola/matrimoniale/doppia per (due) notti dal (24) al (26) giugno. Vi prego di informarmi sulle Vs. disponibilità e sulle tariffe per il pernottamento (e la mezza pensione).
Distinti saluti.

MIETWAGEN | MACCHINA A NOLEGGIO

Sehr geehrte Damen und Herren,
für den Zeitraum vom 20. bis 25. Juli möchte ich ab Flughafen Florenz einen Kleinwagen/Mittelklassewagen/eine 7-sitzige Großraumlimousine mieten. Ich möchte den Wagen in Linate/Mai-

land abgeben, da ich von dort abfliege. Bitte teilen Sie mir Ihre Tarife mit und welche Unterlagen ich benötige.
Mit freundlichen Grüßen

Vorrei noleggiare un'automobile di piccola (un'utilitaria)/media/un minibus a 7 posti dal 20 al 25 luglio all'aeroporto di Firenze e restituirla all'aeroporto di Linate/Milano dal quale ripartirò. Vi prego di mandarmi informazioni sulle tariffe e sui documenti necessari.
Distinti saluti.

Fragen zur Unterkunft

Ich suche ein schönes Hotel/ Bed and Breakfast in der Altstadt (mit guter Küche).	Cerco un bell'albergo/bed and breakfast nel centro stọrico (con cucina buona).
Ist es zentral/ruhig/ in Strandnähe gelegen?	Si trova in centro/in una posizione tranquilla/ vicino al mare?
Wie viel kostet das pro Woche?	Quanto costa alla settimana?
Hat diese Unterkunft eine Internet- oder E-Mail-Adresse?	Questo allọggio ha un sito ịnternet o un indirizzo e-mail‘

Hotel	albergo
Pension	pensione
Zimmer	sistemazione in famịglia
Ferienwohnung	appartamento (per le vacanze)

HOTEL/PENSION/ZIMMER | ALBERGO/PENSIONE/CẠMERA

Übernachtung: Seite 68 ff.

Ich suche ein Hotel, jedoch nicht zu teuer – etwas in der mittleren Preislage.	Cerco un albergo, ma non troppo caro, a prezzo moderato.
Ich suche ein Hotel mit ... Wellnessbereich. Swimmingpool.	Cerco un albergo con … ạrea benẹssere. piscina.
Ich suche ein familienfreundliches/behindertengerechtes Hotel.	Sto cercando un albergo adatto per famiglie/ accessibile ai disabili.

Können Sie mir ein ruhiges Zimmer/Zimmer mit Aussicht/Zimmer mit Balkon geben?	Potrebbe darmi una cạmera tranquilla/cạmera con vista/cạmera con balcone?
Sind dort Hunde erlaubt?	Sono ammessi i cani lì?
Ist es möglich, ein weiteres Bett in einem der Zimmer aufzustellen?	Potrebbe aggiụngere un altro letto in una delle camere?

FERIENHÄUSER/FERIENWOHNUNGEN
CASE/APPARTAMENTI PER VACANZE

Übernachtung: Seite 74 f.

Ich suche eine Ferienwohnung oder ein Ferienhaus.	Cerco un appartamento o una casa per le vacanze.
Für wie viele Leute?	Per quante persone?
Gibt es ...?	C'è ...?
ein Kinderbett	un lettino
einen Kinderstuhl	un seggiolone
eine Küche	la cucina
einen Kühlschrank	un frigorịfero
eine Waschmaschine	la lavatrice
einen Fernseher	la televisione
WLAN	WLAN/Wi-Fi?
ein Telefon	il telẹfono
Sind die Stromkosten im Preis eingeschlossen?	La corrente è inclusa?
Werden Bettwäsche und Handtücher gestellt?	Ci sono la biancheria e gli asciugamani?
Wie viel muss ich anzahlen und wann ist die Anzahlung fällig?	Quant'è la caparra e quando va pagata?
Wo und wann kann ich die Schlüssel abholen?	Dove e quando posso ritirare le chiavi?

CAMPING | CAMPẸGGIO

Ich suche einen schönen Campingplatz an der Südküste/am Wasser.	Cerco un bel campẹggio sulla costa meridionale/vicino all'acqua.
Können Sie mir etwas empfehlen?	Potrebbe raccomandarmi qualcosa?

> MEHR ERLEBEN

Nur keine Scheu! Der Smalltalk im Café, die Plauderei beim Einkauf, der Flirt beim Clubben – reden Sie drauflos, es ist einfacher, als Sie denken! Und macht die Reise erst so richtig spannend.

BEGRÜSSUNG | SALUTARSI

Guten Morgen/Guten Tag!	Buon giọrno!
Guten Abend!	Buọna sera!
Hallo!/Grüß dich!	Ciạo!
Wie geht es Ihnen?	Come stai?
Wie geht es dir?	Come stai?
Und Ihnen?	E Lei?
Und dir?	E tu?

IM GESPRÄCH

MEIN NAME IST ... | MI CHIẠMO ...

Wie ist Ihr Name, bitte?	Come si chiạma?
Wie heißt du?	Come ti chiạmi?
Darf ich bekannt machen? Das ist ...	Le posso presentare …
Frau X./Herr X.	la signora X./il signor X.
mein Partner./meine Partnerin.	il mịo/la mịa partner.
Es freut mich, Sie kennenzulernen.	Sono lieto/lieta di conoscerla.

AUF WIEDERSEHEN! | ARRIVEDERCI!

Tschüss!	Cịao!
Bis später!	A più tardi!
Bis morgen!/Gute Nacht!	A domani!/Buona notte!
Bis bald!	A presto!
Gute Reise!	Buon vịaggio!
Es war schön, Sie/dich kennenzulernen.	Che bello averLa/ti conosciuta, -o.

BITTE | PER FAVORE

Darf ich Sie um einen Gefallen bitten?	Le posso chiẹdere un favore?
Können Sie mir bitte helfen?	Mi può aiutare, per favore?
Gestatten Sie?	Permette?
Bitte sehr./Gern geschehen.	Prego!/Non c'è di che!
Mit Vergnügen!	Con piacere!

DANKE! | GRẠZIE!

Vielen Dank!	Tante grạzie!
Danke, sehr gern!	Grạzie, molto volentiẹri!
Nein, danke!	No, grạzie.
Danke, gleichfalls!	Grạzie, altrettanto.
Das ist nett, danke.	Molto gentile, grạzie.

ENTSCHULDIGUNG! | SCUSI!

Tut mir leid(, dass ich zu spät komme)!	Mi dispiace (per il ritardo)!
Schade!	Peccato!

ALLES GUTE! | TANTE BELLE COSE!

Herzlichen Glückwunsch!	Auguri!
Alles Gute zum Geburtstag!	Tanti auguri per il compleạnno.
Viel Erfolg!	Buon lavoro!
Viel Glück!	Buona fortuna!
Gute Besserung!	Buona guarigiọne!

> *www.marcopolo.de/italienisch*

IM GESPRÄCH

KOMPLIMENTE | COMPLIMENTI

Wie schön!	Che bello!
Das ist wunderbar!	È meraviglioso!
Es ist wirklich traumhaft hier!	È uno spettacolo qui!
Sie sprechen aber sehr gut Italienisch/Deutsch.	Lei lo parla molto bene l'italiano/il tedesco.
Sie sehen gut aus!	La vedo bene!
Ich finde Sie sehr sympathisch.	La trovo molto simpạtico, -a.

WIE DIE EINHEIMISCHEN

Insider Tipps

„Buọna sera!"
„Guten Abend" sagt man in der Toscana schon ab ca.14.00, d.h. nach dem Mittagessen. Im übrigen Italien ab ca. 16.00/17.00 Uhr.

Anrede
Im Italienischen ist es durchaus üblich, jemanden mit Titel oder mit seiner Berufsbezeichnung anzusprechen: z. B. *Ingegnere* (Ingenieur). Auch die Anrede mit Titel und Name (*Ingegnere X* – Herr X) ist möglich, wirkt jedoch förmlicher und distanzierter.

Küsschen, Küsschen
Trifft man sich nach dem ersten Kennenlernen wieder, begrüßt man sich mit: *Ciao!* oder *Ciao, come va?* („Hallo, wie geht's?"), je nachdem, wie nah man sich beim ersten Treffen gekommen ist. Bei Frauen schneller, bei Männern nur unter wirklich guten Freunden oder Bekannten *(amici)* gibt es auch ein Küsschen: zuerst auf die linke, dann auf die rechte Wange. Beim Abschied unter *amici* benutzt man oft die Wendung *Ci vediamo!* („Wir sehen uns!")

„Permesso"
... („Sie gestatten") sagt der Besucher in Italien, bevor er – der Aufforderung des Gastgebers folgend – eine fremde Wohnung betritt.

Komplimente
Sparen Sie beim Essen nicht mit ausschweifenden Komplimenten! Zum Beispiel: *che buono!* – „sehr schmackhaft, lecker", *buonissimo!* – „sehr gut!", *ottimo!* – „ausgezeichnet", *eccellente!* – „hervorragend!", *che delizia!* – „köstlich!", *squisito!* – „vorzüglich, köstlich", *eccezionale!* – „einzigartig". Beim Essen darf in Italien viel und laut geredet werden. Je besser es schmeckt, desto lauter und ausführlicher wird es kundgetan, „gefräßige Stille" ist unbekannt und könnte missverstanden werden.

angenehm	piacevole
ausgezeichnet	ọttimo
beeindruckend	impressionante
freundlich	gentile, cortese
hübsch	carino, grazioso
lecker	squisito, gustoso
liebenswürdig	gentile, affạbile
schön	bello

SMALLTALK | SMALLTALK

ZUR PERSON GENERALITÀ

Was machen Sie/ machst du beruflich?	Qual è la Sua/tua professione?
Ich bin ...	Sono ...
Ich arbeite bei ...	Lavoro presso ...
Ich gehe noch zur Schule.	Vado ancora a scuola.
Ich bin Student/in.	Sono studente/essa universitạrio/a.
Wie alt sind Sie/bist du?	Quanti anni ha/hai?
Ich bin (24).	Ho (24) anni.

HERKUNFT UND AUFENTHALT PROVENIENZA E RESIDENZA

Woher kommen Sie/ kommst du?	Da dove viene/vieni?
Ich komme aus (Berlin).	Sono di Berlino.
Ich komme aus Deutschland.	Vengo dalla Germạnia.
Ich bin seit ... hier.	Sono qui da ...
Wie lange bleiben Sie/ bleibst du?	Quanto si ferma/ti fermi?
Wie finden Sie es?	Che cosa ne pensa?
Wie ist Ihre/deine E-Mail-Adresse/Handynummer?	Qual è il tuo indirizzo email/ numero di cellulare?

FREIZEIT TEMPO LIBERO

Was machen Sie/machst du in der Freizeit?	Cosa fa/fai nel tempo lịbero?
Ich interessiere mich für ...	Mi interesso di ...
Kunst/Kultur/Architektur/ Design/Fashion	l'arte (f)/la cultura/l'architettura/il design/fashion
Haben Sie/Hast du WhatsApp?	Lei è/sei su WhatsApp?
Sind Sie/bist du auf Facebook?	È/Sei su Facebook?

fotografieren	fotografare
Freunde treffen	incontrare amici
Karten-/Brettspiele/ Computerspiele	giochi a carte/da tạvola/ computer games
Kino/Filme	cịnema/film
kochen	cucinare
lesen	lẹggere
malen	dipịngere
Musik hören	ascoltare mụsica
Musik machen	fare mụsica
reisen	viaggiare
Sprachen lernen	studiare lingue

SPORT SPORT

Volles Programm: Seite 84 ff.

Welchen Sport treiben Sie?	Quale sport prạtica Lei?
Ich spiele ...	Io gioco a ...
Fußball/Tennis/Volleyball/ Handball/Tischtennis	cạlcio/tennis/pallavolo/pallamano/ping-pong
Ich gehe regelmäßig ins Fitnesscenter/Yoga.	Vado in palestra/fạccio yoga regolarmente.
Ich jogge/schwimme/ fahre Rad.	Fạccio jogging./Nuoto./Vado in bicicletta.

VERABREDUNG/FLIRT | APPUNTAMENTO/FLIRT

Haben Sie/Hast du für morgen schon etwas vor?	Ha/Hai già un programma per domani?
Treffen wir uns heute Abend?	Ci vediamo stasera?
Wann treffen wir uns?	A che ora ci incontriạmo?
Treffen wir uns um (20.00) Uhr vor .../ im ...	Ci vediamo alle (20.00) davanti a ... / nel ...
Hast du einen Freund/ eine Freundin?	Hai un ragazzo/una ragazza?
Bist du verheiratet?	Sei sposato/a?
Ich habe mich den ganzen Tag auf Sie/dich gefreut.	L'ho aspettata/Ti ho aspettato tutto il giorno con impazienza.
Du hast wunderschöne Augen!	Hai degli occhi stupendi!
Ich finde dich ganz toll!	Mi piaci tanto!
Ich mich auch in dich.	Io pure ti amo.
Ich liebe dich!	Ti amo!

Ich möchte mit dir schlafen.	Vorrei andare a letto con te.
Aber nur mit Kondom!	Però solo con preservativo!
Hast du Kondome?	Ne hai preservativi?
Wo kann ich welche kaufen?	Dove posso comprarli?
Ich habe keine Lust dazu.	Non ne ho vọglia.
Ich will nicht.	Non vọglio.
Bitte geh jetzt!	Per favore, adesso vạttene!
Hör sofort auf!	Smẹttila!
Hau ab!	Sparisci!
Lassen Sie mich bitte in Ruhe!	Mi lasci in pace, per favore!

Zeit

UHRZEIT | L'ORA

WIE VIEL UHR IST ES? CHE ORE SONO?

> Zeitangaben: Umschlagklappe vorne

UM WIE VIEL UHR?/WANN? A CHE ORA?/QUANDO?

Um 1 Uhr.	All'una.
In einer Stunde.	Fra un'ora.
Zwischen (3) und (4).	Tra le (tre) e le (quattro).

WIE LANGE? PER QUANTO TEMPO?

Zwei Stunden (lang).	Per due ore.
Von (10) bis (11).	Dalle (dịeci) alle (ụndici).
Bis (5) Uhr.	Fino alle (cịnque).

WIE DIE EINHEIMISCHEN

Inside Tipp

> Nur platonisch?

Amico/amica für Freund(in) können Sie im Italienischen bedenkenlos benutzen, z. B. „Das ist mein Freund Joscha!" *(Questo è il mio amico Joscha!)*. Hier ist kein Sex im Spiel! Haben Sie mehr als nur eine platonische Beziehung zu jemandem, benutzen die jüngeren Leute *ragazzo/ragazza* und die älteren (ca. ab 40) *compagno/compagna*.

SEIT WANN? DA QUANDO?

Seit (8) Uhr morgens.	Fin dalle (otto) del mattino.
Seit einer halben Stunde.	Da mezz'ora.

SONSTIGE ZEITANGABEN | ULTERIORI INDICAZIONI DELL'ORA

morgens	la mattina (presto)
vormittags	la mattina
gegen Mittag	verso mezzogiọrno
mittags	a mezzogiọrno
nachmittags	il pomerịggio
abends	di sera
nachts	di notte
vorgestern	l'altro iẹri
gestern	iẹri
vor zehn Minuten	diẹci minuti fa
heute	oggi
jetzt	ora
morgen	domani
übermorgen	dopo domani
diese Woche	questa settimana
am Wochenende	a fine settimana
am Sonntag	domẹnica
in 14 Tagen	fra quịndici giọrni
nächstes Jahr	l'anno prọssimo
manchmal	a volte
alle halbe Stunde	ogni mezz'ora
stündlich	ogni ora
täglich	tutti i giọrni, giornaliẹro
alle zwei Tage	ogni due giọrni
kürzlich	recentemente
innerhalb einer Woche	entro una settimana
bald	presto

DATUM | DATA E ETÀ

Den Wievielten haben wir heute?	Quanti ne abbiạmo oggi?
Heute ist der 1. Mai.	Oggi è il primo mạggio.

WOCHENTAGE | I GIỌRNI DELLA SETTIMANA

Montag	lunedì
Dienstag	martedì
Mittwoch	mercoledì
Donnerstag	giovedì
Freitag	venerdì
Samstag	sạbato
Sonntag	domẹnica

MONATE | I MESI

Januar	gennạio
Februar	febbrạio
März	marzo
April	aprile
Mai	mạggio
Juni	giụgno
Juli	lụglio
August	agosto
September	settembre
Oktober	ottobre
November	novembre
Dezember	dicembre

JAHRESZEITEN | LE STAGIỌNI

Frühling	primavera
Sommer	estate f
Herbst	autunno
Winter	inverno

FEIERTAGE | GIỌRNI FESTIVI

Neujahr	Capodanno
Dreikönigstag	L'Epifania
Karneval	Carnevale
Fastnachtsdienstag	Martedì grasso
Aschermittwoch	Mercoledì delle cẹneri
Karfreitag	Venerdì Santo
Ostern	Pạsqua

Ostermontag	Lunedì dell'Angelo
25. April (Befreiung vom Faschismus)	Liberazione
1. Mai	Festa del lavoro
Fronleichnam	Corpus Domini
2. Juni (Gründung der Republik Italien)	Festa della Repubblica
Mariä Himmelfahrt (15. 8.)	Assunzione, Ferragosto
Allerheiligen (1. 11.)	Ognissanti
8. Dezember (Mariä Empfängnis)	Immacolata Concezione
Heiliger Abend	Vigilia di Natale
1. Weihnachtsfeiertag	Il giorno di Natale
2. Weihnachtsfeiertag	Santo Stefano
Silvester	Capodanno

Wetter

Wie wird das Wetter heute?	Che tempo farà oggi?
Es bleibt schön/schlecht.	Rimane bello/brutto.
Es wird wärmer/kälter.	Si sta facendo più caldo/freddo.
Es soll regnen/schneien.	Pioverà/Nevicherà.
Es ist kalt/heiß.	Fa freddo/caldo.
Es ist schwül.	C'è afa.
Wie viel Grad haben wir heute?	Quanti gradi abbiamo oggi?
Es hat 20 Grad.	Abbiamo una temperatura di 20 gradi.

bewölkt	nuvoloso
Ebbe	bassa marea
Flut	alta marea
Frost	gelo
Gewitter	temporale m
heiß	caldo, bollente
kalt	freddo
Nebel	nebbia
Regen	pioggia
Schnee	la neve
Sonne	il sole
Trockenheit	siccità
Überschwemmung	l'alluvione f
warm	caldo
wechselhaft	variabile
Wind	vento

> WO GEHT ES NACH …?

Wenn Sie sich verirrt oder verfahren haben oder einfach nicht mehr weiterwissen: Fragen Sie! Dieses Kapitel hilft Ihnen dabei.

WO GEHT'S LANG?

Bitte, wo ist …?	Scusi signore/signora/signorina, dov'è …?
Entschuldigen Sie bitte, wie komme ich nach …?	Senta, scusi, per andare a …?
Welches ist der kürzeste Weg nach/zu …?	Qual è la strada più breve per …?
Wie weit ist es zum/zur …?	Quanto ci vuole per andare a …?
Gehen Sie …	Vada …
geradeaus.	diritto.
nach links/nach rechts.	a sinistra/a destra.

UNTER WEGS

Erste/Zweite Straße links/ rechts.	La prima/seconda strada a sinistra/a destra.
Überqueren Sie ...	Attraversi …
die Brücke.	il ponte.
den Platz.	la piazza.
die Straße.	la strada.
Dann fragen Sie noch einmal.	Poi chięda un'altra volta.
Sie können ... nehmen.	Può pręndere …
den Bus	l'ąutobus.
die Straßenbahn	il tram.
die U-Bahn	la metropolitana.

AN DER GRENZE

Haben Sie etwas zu verzollen?	Ha niente da dichiarare?
Nein, ich habe nur ein paar Geschenke.	No, ho soltanto alcuni regali.
Fahren Sie bitte rechts heran.	Si metta lì a destra!
Öffnen Sie bitte den Kofferraum/diesen Koffer.	Apra, per favore, il bagagliạio/questa valịgia.
Muss ich das verzollen?	Lo/la devo sdoganare?

Ausfuhr	l'esportaziọne f, l'esecuziọne f
ausreisen	partire (per l'ẹstero)
Einfuhr	l'importaziọne f
einreisen	entrare (in un paẹse)
Familienname	il cognome
Familienstand	stato di famịglia
ledig	(Mann) cẹlibe; (Frau) nụbile
verheiratet	sposato
Führerschein	la patente
Geburtsdatum	data di nạscita
Geburtsname	il nome da ragazza
Geburtsort	luọgo di nạscita
gültig	vạlido
Personalausweis	carta d'identità
Reisepass	passaporto
Staatsangehörigkeit	nazionalità
Vorname	il nome
Wohnort	domicịlio
Zoll	dogana
zollfrei	esente da dạzio doganale
zollpflichtig	soggetto a dạzio doganale

... MIT DEM AUTO/MOTORRAD/FAHRRAD

WIE KOMME ICH NACH ...? | PER ANDARE A ...?

Wie weit ist das?	Quanti chilọmetri sono?
Entschuldigung, ist das die Straße nach ...?	Scusi, è questa la strada per …?
Wie komme ich zur Autobahn nach ...?	Scusi, l'autostrada per …?
Immer geradeaus bis ...	Sempre diritto fino a …
Dann links/ rechts abbiegen.	Poi svolti a sinistra/destra.

VOLLTANKEN, BITTE | IL PIENO, PER FAVORE!

Wo ist bitte die nächste Tankstelle?	Dov'è la prọssima staziọne di servịzio, per favore?
Normalbenzin/Super/Diesel/ Elektroladestation	benzina normale/super/gasọlio/ la stazione di servịzio per la ricạrica dei veịcoli
Würden Sie bitte den Ölstand prüfen?	Scusi, potrebbe controllare il livello dell'olio?
Sehen Sie bitte auch das Kühlwasser nach.	Controlli anche l'acqua del radiatore, per favore.
Wo sind bitte die Toiletten?	Scusi, dov'è il bagno?
Gibt es eine Behindertentoilette?	C'è un bagno per disabili?

PARKEN | IL PARCHẸGGIO

Gibt es hier in der Nähe eine Parkmöglichkeit?	Scusi c'è un parchẹggio qui vicino?
Kann ich das Auto hier abstellen?	Mi potete rilasciạre qui il visto?

PANNE | GUẠSTO

Können Sie mir Starthilfe geben?	Potrebbe aiutarmi ad avviare la mạcchina?
Würden Sie mir bitte ...	Mi potrebbe mandare …
einen Mechaniker	un meccạnico?
einen Abschleppwagen schicken?	un carro-attrezzi?
Ich habe einen Platten.	Ho bucato.
Ich habe kein Benzin mehr.	Mi è finita la benzina.
Die Batterie ist leer.	La batteria è scarica.
Würden Sie mich bis zur nächsten Tankstelle mitnehmen?	Mi potrebbe dare un passạggio fino alla prọssima staziọne di servịzio?

WERKSTATT | OFFICINA

Mein Wagen springt nicht an.	La mạcchina non parte.
Können Sie mal nachsehen?	Ci potrebbe dare un'occhiạta, per favore?
Die Batterie ist leer.	La batteria è scạrica.
Mit dem Motor stimmt was nicht.	Il motore non va bene.
Die Bremsen funktionieren nicht.	I freni non sono a posto.
... ist/sind defekt.	… è/sono difettoso/difettosi.
Der Wagen verliert Öl.	La mạcchina perde ọlio.

WIE DIE EINHEIMISCHEN

Inside Tipp

Achtung, Strafzettel!

Die Stadtzentren der großen Städte sind inzwischen nur noch eingeschränkt befahrbar. Es wurden verkehrsbeschränkte Zonen (ZTL = *zone a traffico limitato*) eingerichtet, die nur Berechtigte befahren dürfen. Elektronische Schranken (*porte telematiche*) lassen nur Autos mit Freischaltcodes ungestraft passieren. Wer unerlaubt durchfährt, wird mit Strafzetteln bombardiert.

Innenstadthotels können von Hotelgästen mit entsprechenden Freischaltcodes angefahren werden.

Gelb abgegrenzte Parkplätze sind für Anwohner, blau abgegrenzte für Nicht-Anwohner.

Wechseln Sie bitte die Zündkerzen aus.	Cambi le candele, per favore.
Was wird es kosten?	Quanto costerà?

UNFALL | INCIDENTE

Rufen Sie bitte schnell …	Chiạmi sụbito …
einen Krankenwagen.	un'autoambulanza.
die Polizei.	la polizịa.
die Feuerwehr.	i vịgili del fuọco.
Sind Sie verletzt?	È ferito/a
Haben Sie Verbandszeug?	Ha materiale di pronto soccorso?
Es war meine Schuld.	È stata colpa mia.
Es war Ihre Schuld.	È stata colpa Sua.
Sollen wir die Polizei holen oder können wir uns so einigen?	Dobbiạmo chiamare la polizịa, o ci vogliạmo mẹttere d'accordo fra noi?
Ich möchte den Schaden durch meine Versicherung regeln lassen.	Vorrei far regolare il danno dalla mia assicuraziọne.
Geben Sie mir bitte Ihren Namen und Ihre Anschrift.	Mi dịa il Suo nome e indirizzo.
Danke für Ihre Hilfe.	Grạzie dell'aiụto.

abschleppen	rimorchiạre, trainare
Abschleppseil	cavo da rimọrchio
Abschleppwagen	carro attrezzi
Ampel	semạforo
Anlasser	motorino d'avviamento
Autobahn	autostrada
Automatik(getriebe)	cạmbio automạtico
Batterie	la batterịa
Baustelle	il cantiere edịle
Benzin	benzina
Benzinkanister	lattina, tạnica
Bremsbelag	la guarniziọne dei freni
Bußgeld	ammenda, multa
Defekt	difetto
Elektroladestation	la stazione di servịzio per la ricạrica dei veịcoli
Erdgastankstelle	distributore metano
Fahrrad	bicicletta
Fahrspur	corsịa
Fehlzündung	l'accensiọne f a vuọto

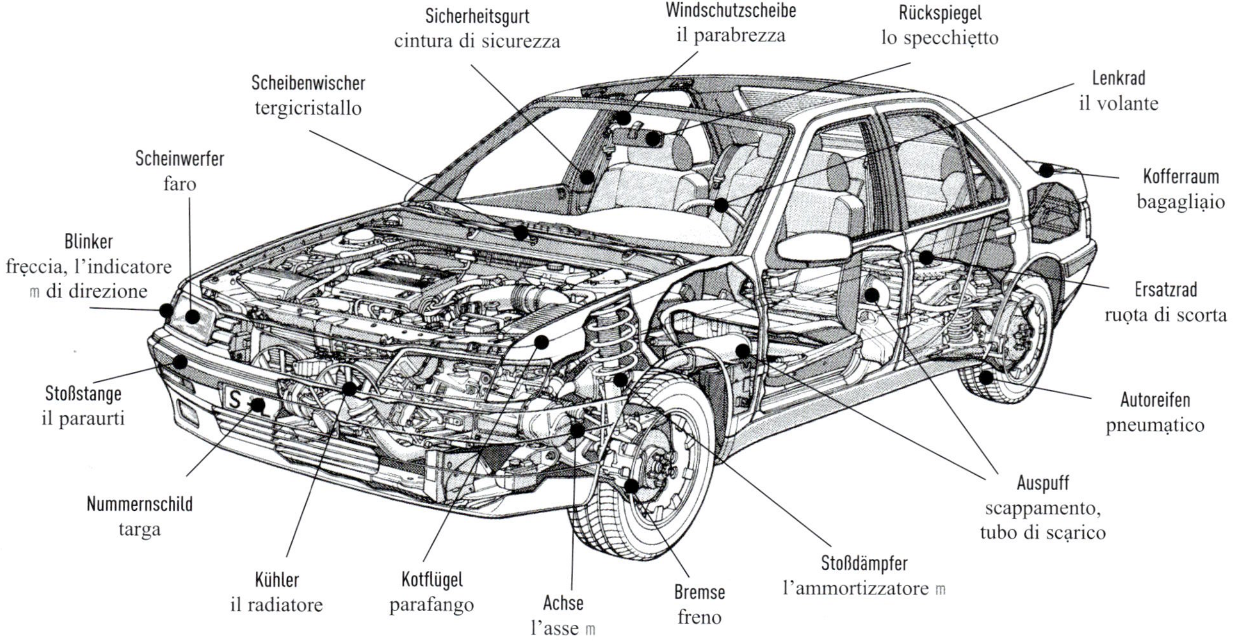
Sicherheitsgurt
cintura di sicurezza
Windschutzscheibe
il parabrezza
Rückspiegel
lo specchietto
Scheibenwischer
tergicristallo
Lenkrad
il volante
Scheinwerfer
faro
Kofferraum
bagagliaio
Blinker
freccia, l'indicatore m di direzione
Ersatzrad
ruota di scorta
Stoßstange
il paraurti
Autoreifen
pneumatico
Nummernschild
targa
Auspuff
scappamento, tubo di scarico
Kühler
il radiatore
Kotflügel
parafango
Achse
l'asse m
Bremse
freno
Stoßdämpfer
l'ammortizzatore m

Felge	il cerchiọne
Fernlicht	i fari abbagliạnti
Flickzeug	gli accessori per la riparaziọne di forature
Führerschein	la patente
Fußbremse	freno a pedale
Gang	mạrcia
Gaspedal	l'acceleratore m
Gepäckträger	il portabagagli
Geländewagen	il fuoristrada
Getriebe	cạmbio
Handbremse	freno a mano
Heizung	riscaldamento
Helm	casco
Hupe	il clacson
Kabel	cavo
Keilriemen	cịnghia
Klingel	campanello
Kühlwasser	acqua di raffreddamento
Kreuzung	incrọcio
Kupplung	la friziọne
Kurve	curva
Landstraße	strada maẹstra
Lastwagen	il cạmion
Lichtmaschine	la dịnamo
Luftpumpe	la pompa
Maut	il pedạggio
Motor	il motore
Motorrad/Motorroller	motocicletta/il motoscooter, motoretta
Notrufsäule	telẹfono d'emergenza
Oktanzahl	nụmero di ottani
Öl/Ölwechsel	ọlio/cạmbio dell'ọlio
Panne	guạsto
Pannendienst	soccorso stradale
Papiere	i documenti
Parkhaus	parchẹggio a più piạni, autosilo
Parkplatz	parchẹggio
Promille	per mille
PS	CV (cavalli vapore)
Radarkontrolle	controllo radar
Raststätte	la stazione di servịzio, posto di ristoro
Reifenpanne	foratura
Schiebedach	tetto aprịbile
Schraube	la vite
Schraubenschlüssel	la chiạve per dadi

Schutzblech	lamiẹra di protezione
Standlicht	le luci di posiziọne
Starthilfekabel	cavo ausiliạrio di collegamento per la messa in moto
Stau	ingorgo
Straße	strada, via
Straßenkarte	carta automobilịstica
Tachometer	tachịmetro
Tankstelle	staziọne di servịzio
Tramper/in	l'autostoppista m f
Umleitung	la deviaziọne
Ventil	vạlvola
Vergaser	il carburatore
Versicherungskarte, grüne	carta verde
Vollkasko	l'assicuraziọne f di totale copertura
Wagenheber	il cric
Wagenwäsche	autolavạggio
Warnblinker	il lampeggiatore d'emergenza
Warndreieck	triạngolo
Werkstatt	officina
Werkzeug	l'utensịle m, attrezzo
Zündkerze	candela
Zündschloss	l'interruttore m dell'accensiọne
Zündschlüssel	chiavetta di accensiọne
Zündung	l'accensiọne f

UNTERWEGS

AUTO-/MOTORRAD-/FAHRRADVERMIETUNG
AUTONOLEGGIO/NOLEGGIO DI MOTOCICLI

Ich möchte für (2) Tage/ (1) Woche ... mieten. Auto/Wohnmobil/Roller/ Fahrrad	Vorrei noleggiạre per (2) giorni/(1) settimana una mạcchina/un camper/uno scooter/ una bicicletta.
Bitte mit Automatik/ Klimaanlage/ Navigationsgerät.	Possibilmente con il cạmbio automạtico/ il climatizzatore/il navigatore.
Haben Sie Kindersitze/ Babyschalen?	Avete seggiolini/ovetti?
Wie hoch ist die Tages-/ Wochenpauschale?	Qual è il forfait giornaliero/settimanale?
Ist das Fahrzeug vollkasko- versichert?	Il veịcolo è assicurato contro tutti i rischi?
Ist es möglich, das Fahrzeug in ... abzugeben?	È possịbile riconsegnare la mạcchina a …?

... MIT DEM FLUGZEUG

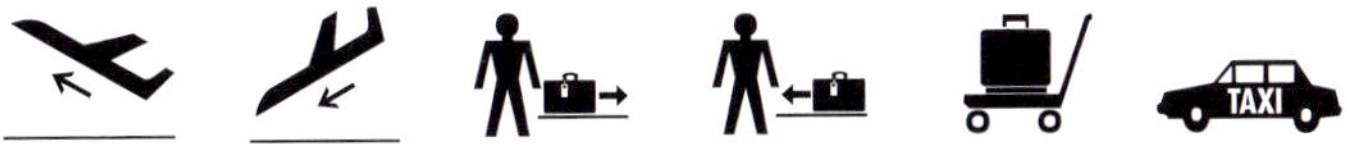

ABFLUG | DECOLLO

Wo ist der Schalter der ... Fluggesellschaft?	Dov'è lo sportello della compagnịa aẹrea …?
Wann fliegt die nächste Maschine nach ...?	Quando c'è un aẹreo per …?
Ich möchte einen einfachen Flug/Hin- und Rückflug nach ... buchen.	Vorrei prenotare un volo di sola andata/di andata e ritorno per …
Sind noch Plätze frei?	Ci sono ancora posti lịberi?
Ich möchte diesen Flug stornieren.	Vorrei annullare questo volo.
Wir reisen mit einem Kleinkind. Könnten wir Plätze ganz vorn/ am Gang bekommen?	Viaggiamo con un bambino piccolo. Potremmo avere dei posti in prima fila/lungo il corridoio?
Kann ich das als Handgepäck mitnehmen?	Posso portare con me il bagạglio a mano?

Wird ein/mein Rollstuhl am Flughafen bereit gestellt?	Troverò la mia /una sedia a rotelle pronta per me in aeroporto?
Hat die Maschine nach ... Verspätung?	L'ae̜reo per … è in ritardo?

ANKUNFT | ARRIVO

Mein Gepäck ist verloren gegangen.	Il mio baga̜glio è stato smarrito.
Mein Koffer ist beschädigt worden.	La mia vali̜gia è stata danneggia̜ta.

Ankunftszeit	ora̜rio d'arrivo
Anschluss	coincidenza
an Bord	a bordo
Bordkarte	carta d'imbarco
Buchung	la prenotazio̜ne
Direktflug	volo diretto
einchecken	fare il check-in
elektronisches Ticket	il bigli̜etto elettro̜nico
Fenstersitz	posto al finestrino
Flug	volo
Flugbegleiter/in	l'assistente (m, f) di volo
Fluggesellschaft	compagni̜a ae̜rea
Flughafenbus	collegamento pullman con l'aeroporto
Flugstrecke	tratto (di volo)
Flugzeug	ae̜reo
Gepäck/Gepäckabfertigung	baga̜glio/la spedizione baga̜gli
Gepäckausgabe	consegna del baga̜glio
Handgepäck	baga̜glio a mano
Landung/Notlandung	atterra̜ggio/atterra̜ggio di fortuna
Notausgang	uscita d'emergenza
Pilot/in	il/la pilota
planmäßiger Abflug	volo regolare
Schalter	sportello
Schwimmweste	giubbetto di salvata̜ggio
Sicherheitskontrolle	controllo di sicurezza
Spucktüte	il sacchetto
stornieren	annullare
umbuchen	cambia̜re il bigli̜etto
Verspätung	ritardo
zollfreier Laden	spa̜ccio porto-franco
Zwischenlandung	scalo

... MIT DEM ZUG

AM BAHNHOF | ALLA STAZIONE

Wann fährt der nächste Zug nach ...?	Quando parte il prọssimo treno per …?
Eine einfache Fahrt 2./1. Klasse nach ..., bitte.	Un bigliẹtto di andata, seconda/prima classe per …
Zweimal ... hin und zurück, bitte.	Due bigliẹtti per …, andata e ritorno, per favore.
Gibt es einen Spartarif?	C'è una tariffa ridotta?
Gibt es eine Ermäßigung für Kinder/Studenten?	C'è una riduziọne per bambini/per studenti?
Muss ich einen Platz reservieren?	Devo prenotare il posto?
Hat der Zug aus ... Verspätung?	È in ritardo il treno proveniẹnte da …?
(Wo) Muss ich umsteigen?	(Dove) Devo cambiạre?
Von welchem Gleis fährt der Zug nach ... ab?	Da quale binạrio parte il treno per …?
Kann ich ein Fahrrad mitnehmen?	Posso portare la bicicletta?

IM ZUG | IN TRENO

Verzeihung, ist dieser Platz noch frei?	Scusi, è lịbero questo posto?
Hält dieser Zug in ...?	Questo treno si ferma a …?

WIE DIE EINHEIMISCHEN

Insider Tipp

Anreiz

Manche Hotels, vor allem an der Adria, erstatten einen Teilbetrag der Anfahrt mit dem Zug der italienischen Eisenbahngesellschaft (*Ferrovie dello Stato (FS)*). Am besten, Sie erfragen die Möglichkeiten bereits bei der Buchung: *Concedete un rimborso parziale per le spese del biglietto del treno?*

Abfahrt/Abfahrtszeit	partenza/orạrio di partenza
ankommen	arrivare
Anschlusszug	treno coincidente, coincidenza
Aufenthalt	fermata
aussteigen	scẹndere
Autoreisezug	treno traghetto
Bahnhof	la staziọne
besetzt	occupato
einsteigen	salire
Ermäßigung	la riduziọne
Fahrkarte	bigliẹtto
Fahrkartenschalter	biglietteria
Fahrplan	orạrio
Fahrpreis	prezzo del bigliẹtto
Fensterplatz	posto al finestrino
frei	lịbero
Gepäck	bagạglio
Gepäckaufbewahrung	depọsito bagagli
Gleis	binạrio
Hauptbahnhof	la staziọne centrale
Internetbuchung/Ausdruck	la prenotazione online/il bigliẹtto cartạceo
Kinderfahrkarte	bigliẹtto per ragazzi
Nichtraucherabteil	scompartimento per non fumatori
Notbremse	freno d'emergenza
Rückfahrkarte	bigliẹtto di andata e ritorno
Schlafwagen	vagone letto
Schließfach	cassetta di sicurezza
Sitzplatzreservierung	prenotazione posto
Speisewagen	il vagone ristorante
Stromanschluss	connessione elẹttrica
Toilette	gabinetto
Wartehalle	sala d'aspetto
Zug	la ferrovịa
Zugfähre	la nave traghetto
Zuschlag	supplemento

... MIT DEM SCHIFF

IM HAFEN | AL PORTO

Wann fährt das nächste Schiff nach ... ab?	Quando parte la prọssima nave per …?

> www.marcopolo.de/italienisch

Wie lange dauert die Überfahrt?	Quanto dura la traversata?
Ich möchte bitte ...	Vorrei ... per favore.
eine Schiffskarte nach ...	un biglietto per ...
Ich möchte eine Karte für die Rundfahrt um ... Uhr.	Vorrei un biglietto per il giro delle ...
Wann legen wir in ... an?	Quando attracchiamo a ...?

AN BORD | A BORDO

Wo ist der Speisesaal/der Aufenthaltsraum?	Dov'è la sala da pranzo/il salone?
Ich fühle mich nicht wohl.	Non mi sento bene.
Geben Sie mir bitte ein Mittel gegen Seekrankheit.	Mi dịa qualcosa contro il mal di mare, per favore.

Anlegeplatz	approdo
an Bord	a bordo
Buchung	la prenotaziọne
Dampfer	pirọscafo, nave a vapore
Deck	coperta
Fähre, Auto~	autotraghetto
Eisenbahnfähre	la nave traghetto
Fahrkarte	bigliẹtto
Festland	terra ferma
Hafen	porto
Kabine	cabina
Kapitän	capitano
Küste	costa
Landausflug	l'escursione f a terra
Luftkissenboot	l'họvercraft m
Motorboot	motoscafo
Rettungsboot	scialuppa di salvatạggio
Rettungsring	il salvagente
Ruderboot	barca a remi
Schwimmweste	giubbetto di salvatạggio
Seegang	moto ondoso
seekrank sein	avere il mal di mare
Steward	steward

NAHVERKEHR

BUS/U-BAHN | L'ẠUTOBUS/METROPOLITANA

Bitte, wo ist die nächste ...	Dov'è la prọssima …
Bushaltestelle?	fermata dell'ạutobus?
Straßenbahnhaltestelle?	fermata del tram?
U-Bahnstation?	staziọne della metropolitana?
Welche Linie fährt nach ...?	Qual è la lịnea che va a …?
Wo fährt der Bus ab?	Da dove parte l'ạutobus?
Entschuldigen Sie, wo muss ich aussteigen/umsteigen?	Scusi, dove devo scẹndere/cambiare?
Könnten Sie mir bitte Bescheid geben, wenn ich aussteigen muss?	Senta, scusi, potrebbe avvertirmi quando devo scẹndere?
Wo kann ich den Fahrschein kaufen?	Dove si comprano i bigliẹtti?
Bitte, einen Fahrschein nach ...	Un bigliẹtto per …, per favore.
Kann ich ein Fahrrad mitnehmen?	Posso portare la bicicletta?

Abfahrt	partenza
aussteigen	scẹndere
Bus	l'ạutobus m
einsteigen	salire
Endstation	il capolịnea
Fahrer	il conducente
Fahrkartenautomat	il distributore automạtico di bigliẹtti
Fahrpreis	prezzo del bigliẹtto

WIE DIE EINHEIMISCHEN

Insider Tipp

Gewusst wo

Fahrkartenautomaten gibt es nicht in jeder Stadt. Tickets müssen oft an Zeitungsständen oder im Schreibwarenladen gekauft werden.

Fahrschein	biglietto
Haltestelle	fermata
Kontrolleur/Schaffner	il controllore
lösen (Fahrschein)	comprare i biglietti
Straße	strada, via
Straßenbahn	il tram
Tageskarte	biglietto giornaliero
Touristenticket	un biglietto per turisti
U-Bahn	metropolitana
Wochenkarte	abbonamento settimanale

TAXI | TASSÌ

Könnten Sie mir bitte ein Taxi rufen?	Potrebbe chiamarmi un tassì?
Entschuldigen Sie bitte, wo ist der nächste Taxistand?	Senta, scusi c'è un posteggio di tassì qui vicino?
Zum Bahnhof.	Alla stazione.
Zum ... Hotel.	All'albergo …
In die ...-Straße.	In via …
Nach ..., bitte.	A …, per favore.
Wie viel kostet es nach ...?	Quanto costa andare a …?
Das ist zu viel.	È troppo.
Halten Sie bitte hier.	Si fermi qui.
Das ist für Sie.	Questo è per Lei.
Die Quittung, bitte.	La ricevuta, per favore

Fahrpreis	prezzo del biglietto
Taxifahrer/in	il/la tassista
Taxistand	posteggio di taxi
Trinkgeld	mancia

MITFAHREN

Fahren Sie nach ...?	Va a …?
Könnte ich ein Stück mitfahren?	Mi dà un passaggio?
Ich würde gerne hier aussteigen.	Vorrei scendere qui.
Vielen Dank fürs Mitnehmen.	Grazie del passaggio.

> KULINARISCHE ABENTEUER

Mit Spaß bestellen und mit Genuss essen – denn für Sie ist die Speisekarte in der Landessprache kein Buch mit sieben Siegeln.

ESSEN GEHEN | ANDARE A MANGIARE

Wo gibt es hier ...	Scusi, mi potrebbe indicare …
ein gutes Restaurant?	un buon ristorante?
ein typisches Restaurant?	un locale tịpico?
Reservieren Sie uns bitte für heute Abend einen Tisch für (4) Personen.	Può riservarci per stasera un tạvolo per (quattro) persone?
Ist dieser Tisch/Platz noch frei?	È lịbero questo tạvolo/questo posto?

ESSEN UND TRINKEN

Einen Tisch für (2/3) Personen, bitte.	Per favore, un tạvolo per (due/tre) persone.
Haben Sie einen (Nicht-) Raucherbereich?	Avete un'ạrea (non)fumatori?
Wo sind die Toiletten?	Dove sono i servizi igiẹnici?
Guten Appetit!	Buon appetito!
Prost!	Alla Sua salute!
Das Essen ist/war ausgezeichnet!	Il cibo è/era squisito!
Stört es Sie, wenn ich rauche?	Le dà nọia se fumo?

BESTELLUNG | L'ORDINAZIONE

Herr Ober/Bedienung,	Cameriere, ...,
die Speisekarte, bitte.	il menu, per favore.
die Getränkekarte, bitte	la lista delle bevande, per favore.
die Weinkarte, bitte.	la lista dei vini, per favore.
Was können Sie mir empfehlen?	Che cosa mi raccomanda?
Ich nehme ...	Prendo …
Wir haben leider kein/e ... (mehr).	Purtroppo il/la… è finito.
Ich hätte gerne etwas Typisches aus der Region.	Vorrei un piatto tipico della regione.
Ich bin Diabetiker/Vegetarier/ Veganer.	Sono diabetico/vegetariano/vegano.
Ich bin allergisch gegen ...	Sono allergico a …
Eier/Gluten/Milchprodukte/ Natriumglutamat/Nüsse.	l'uovo/la gluteina/i latticini/il glutammato di sodio/le noci.
Was wollen Sie trinken?	Che cosa desidera da bere?
Bitte ein Glas ...	Per favore, un bicchiere di …
Bitte eine/eine halbe Flasche ...	Per favore, una/mezza bottiglia di ...
Bitte bringen Sie uns ...	Ci porti, per favore …

REKLAMATION | RECLAMI

Das Essen ist kalt.	Il mangiare è freddo.
Das Fleisch ist nicht durch.	La carne non è cotta bene.
Haben Sie mein/e ... vergessen?	Ha dimenticato il mio/la mia ...?
Das habe ich nicht bestellt.	Non ho ordinato questo.
Holen Sie bitte den Chef.	Mi chiami per favore il direttore/il proprietario!

BEZAHLEN | PAGARE

Bezahlen, bitte.	Il conto, per favore.
Bitte alles zusammen.	Tutto insieme.
Könnte ich bitte eine Quittung bekommen?	Potrebbe darmi una ricevuta?.
Getrennte Rechnungen, bitte.	Conti separati, per favore.
Das ist für Sie.	Questo è per Lei.
Es stimmt so.	Il resto è per Lei.
Das Essen war ausgezeichnet.	Il mangiare era ottimo!
Vielen Dank für die Einladung!	Mille grazie per l'invito!

> *www.marcopolo.de/italienisch*

ESSEN UND TRINKEN

Abendessen	cena
Besteck	le posate
Bestellung	l'ordinazione f
Diabetiker	diabẹtico
durchgebraten	ben cotto
englisch (blutig)	al sạngue
Essig	aceto
fettarm	con pochi grassi
frisch	fresco
frittiert/gebacken	fritto
Frühstück	prima colaziọne > S. 46
Gabel	forchetta
gegrillt	alla grịglia
Gericht	pietanza

WIE DIE EINHEIMISCHEN

Insider Tipp

WIE DIE EINHEIMISCHEN

Für den kleinen und großen Appetit

In Italien findet man folgende Arten von Gaststätten:

osteria – (Weinstube) Ist fast verschwunden und von der edleren **enoteca** abgelöst worden, wo man gepflegten Wein zu gepflegten Speisen zu sich nimmt.

trattoria – Meist handelt es sich um einen Familienbetrieb, in dem es hausgemachte Speisen gibt.

ristorante – Restaurant mit großem Angebot an Gerichten. Es ist darauf zu achten, dass es in Italien üblich ist, ein vollständiges Essen – bestehend aus Nudelgericht, Reisgericht oder Suppe (= *primo*), Fleisch- oder Fischgericht (= *secondo*) und Obst oder Nachspeise – zu bestellen. Wenn Sie nur einen Teller Spaghetti oder Ähnliches essen möchten, gehen Sie am besten in eine

tavola calda – Dort erhalten Sie verschiedene warme Vorspeisen und kleine Mittagsmahlzeiten, die Sie allerdings meist im Stehen essen.

bar – Café, in dem die Italiener morgens ihren *cappuccino* und zu jeder Tageszeit ihren *caffè (espresso), latte macchiato* oder einen Aperitif trinken und Kleinigkeiten an der Theke oder am Tisch essen. Meist muss man zuerst an der Kasse einen *scontrino* (Kassenbon) lösen, um dann an der Theke das Gewünschte zu bekommen. Es empfiehlt sich, Kleingeld bereitzuhalten. Die in der Preisliste *(listino prezzi)* angegebenen Preise gelten nur für den Verzehr an der Theke.

pub – Auch in Italien wird gern Bier getrunken und so sind seit den Neunzigern immer mehr Pubs nach irischem Vorbild entstanden.

paninoteca – Barähnliches Lokal, in dem man auch warme und kalte belegte Brötchen bekommt. Diese Art Lokal wird hauptsächlich von jüngeren Gästen besucht.

Getränk	bevanda > S. 45 f., 51 ff.
Gewürz	le spẹzie
Glas	il bicchiẹre
glutenfrei	senza glụtine
Gräte	spina, lisca
Hauptspeise	secondo > S. 48 f.
heiß	caldo, bollente
kalorienarm	ipocalọrico
kalt	freddo
Kellner/in, Ober	il camerịẹre/la camerịẹra, camerịẹre m
Kinderteller	la mezza porziọne
Knoblauch	ạglio
Koch/Köchin	cuọco/cuọca
kochen	cuọcere, (Wasser) bollire
Laktoseintoleranz	intolleranza al lattosio
Löffel	cucchịaio
Messer	coltello
Mittagessen	pranzo, il desinare
Nachtisch	il dessẹrt, il dolce > S. 50 f.
Öl	ọlio
Pfeffer	il pepe
Portion	la porziọne
roh	crudo
Salz	il sale
süß/sauer	dolce/agro
scharf	piccante
Senf	la sẹnape
Serviette	tovagliọlo
Soße	salsa
Streetfood	lo street food, cibo da strada
Suppe	minestra > S. 47
Tagesgericht	pịatto del giọrno
Tasse/Tassen	tazza/tazze
Teller	pịatto
Trinkgeld	mạncia
vegan/vegetarisch	vegano/vegetariano
Vollkorn	grano integrale
Vorspeise	antipasto > S. 46 f.
Wasser	acqua
Wrap	piadina arrotolata
zäh	duro
Zahnstocher	lo stuzzicadenti
(ohne) Zucker	(senza) zụcchero

insalata

i fagioli

peperoncini verdi

peperoni

pomodori

cetriọlo

cavolfiọre

brọccoli

carciọfi

champignon

melanzane

sẹdano

patate

cipolla

ạglio

zẹnzero

l'avocado m

carote

cạvolo

porro

aspạragi

lentịcchie

zucca

zucchini

piselli

i ceci

spinaci

il mais, granturco

sạlvia

menta

prezzẹmolo

rosmarino

le albicocche

le banane

l'ananas m

mango

fragola

pesca

il kiwi

l'uva f

mela

le pere

i mirtilli

le ciliegie

i ribes

arancia

il limone

limetta

papaia

cocomero/anguria

il melone

pompelmo

melagrana

le prugne

piccola susina
mirabella

i fichi

i litchi

pompelmo

la noce di cocco

castagna, il marrone

le noccioline americane

i cranberries

frutta secca

frutta secca mista

ESSEN UND TRINKEN

il pane/il toast

il pane nero

pane integrale

la baguette

il bagel

il brezel

cornetto (süß!)

le fette croccanti

focạccia

i panini

panino integrale

il pumpernickel

il wafer, la cialda

le ciambelline donut

pasta

il dolce, torta

galletta di riso

il müesli

i cornflakes

lo iọgurt

burro

le uọva

formạggio

formạggio tipo gorgonzola

il camembert

formạggio fresco

il latte

formạggio quark alle erbe

formạggio Bonbel

parmigiano

pecorino

manzo

le interiora, le frattạglie

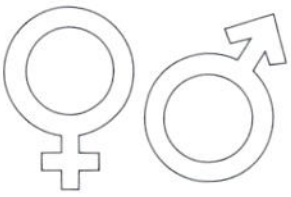

femminile/maschile

vitello

il maiale, suino

agnello

pollo

ạnitra

la lepre

il cinghiale

un pezzo di carne

carne a dadi

la carne macinata

gli spiedini di carne

bistecca

filetto

costoletta

il roastbeef

i wurstel

il salume

il salame

prosciụtto cotto

prosciụtto crudo

lo speck (geräuchert), pancetta (getrocknet)

pollo alla grịglia

cọscia di pollo

ESSEN UND TRINKEN

branzino

trota

tonno

il salmone

le sardine

i granchi

gli scampi

l'ạstice

le cozze/vọngole

i calamari

le ọstriche

il caviale

l'acqua minerale naturale

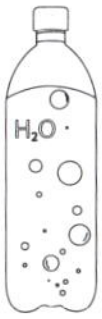

l'acqua minerale frizzante

il latte

il latte di sọia

succo, spremuta

coca

bevanda energẹtica

birra

il tè

caffè

cacao

cubetto di ghiạccio

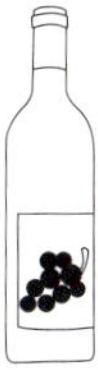
vino rosso

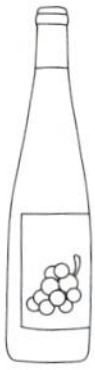
vino bianco

lo spumante/champagne

il cocktail

PRIMA COLAZIONE | FRÜHSTÜCK

Zeigebilder: Seite 42 ff.

il caffè amaro	schwarzer Kaffee
il caffè all'americana	Filterkaffee
il caffellatte	Kaffee mit Milch
il caffè decaffeinizzato	koffeinfreier Kaffee
il tè al latte/al limone	Tee mit Milch/Zitrone
bustina del tè	Teebeutel
tisana	Kräutertee
cioccolata	Schokolade
spremuta	(frisch gepresster) Zitronensaft
uọvo à la coque	weiches Ei
uọvo al tegamino	Spiegelei
le uọva strapazzate	Rühreier
le uọva con lo speck	Eier mit Speck
pane/panini/pane tostato (senza glụtine)	Brot/Brötchen/Toast (glutenfrei)
cornetto	Hörnchen (meist süß)
burro	Butter
formạggio	Käse
i salume affettati	Wurstaufschnitt
prosciụtto	Schinken
il miẹle	Honig
marmellata	Marmelade
smoothie	Smoothie
lo iọgurt	Joghurt
frutta	Obst

ANTIPASTI | VORSPEISEN

acciughe/alici sott'olio	in Öl eingelegte Anchovis
affettato misto	gemischter Aufschnitt
capesante	Jakobsmuscheln
crostini	geröstete Weißbrotscheiben mit Gemüse- oder Fleischaufstrich
fave e pecorino	Saubohnen mit Schafskäse
formaggi e marmellatine	Käse mit verschiedenen Marmeladen aus z. B. grünen Tomaten, Zwiebeln, Radicchio usw.
funghi sott'ọlio	Pilze in Öl
insalata di farro	Dinkelsalat
pinzimọnio	rohes Gemüse mit Vinaigrette

prosciutto con melone/ con fichi freschi	roher Schinken mit Melone/frischen Feigen
prosciụtto crudo	roher Schinken
tonno con fagiọli	Thunfisch mit weißen Bohnen

PRIMI PIATTI | NUDEL- UND REISGERICHTE/SUPPEN

spaghetti	Spaghetti
– aglio, olio e peperoncino	Spaghetti mit Knoblauch, Olivenöl und Chili
– al burro/in bianco	mit Butter
– al cartoccio	im Backpapier fertiggegart und serviert, meist mit Fischsoße
– alla Bolognese/al ragù	mit Hackfleischsoße
– alla carbonara	mit Ei und Speck
– alla napoletana	mit Tomatensoße (ohne Fleisch)
– al pomodoro	mit Tomatensoße
– alla puttanesca	mit Tomatensoße, Oliven und sehr scharfen Gewürzen
– alle vọngole	mit Venus-/Herzmuscheln
agnolotti/raviọli/tortellini	gefüllte Teigtaschen
cannelloni	mit Fleisch gefüllte Nudelrollen, überbacken
crespelle	Crêpes mit verschiedenen Fleisch- oder Gemüsefüllungen
fettuccine/tagliatelle	Bandnudeln
lasagne al forno	überbackene Nudelplatten mit Fleischfüllung
rigatoni	gerillte kurze Röhrennudeln
tagliatelle verdi	grüne Bandnudeln
trenette al pesto	schmale Bandnudeln mit Basilikumsoße
vermicelli	Fadennudeln
gnocchi al pomodoro	Kartoffelklößchen in Tomatensoße
polenta (alla valdostana)	Maisbrei (mit Schmelzkäse)
risotto alla milanese	Reisgericht mit Safran
risotto con funghi	Reisgericht mit Pilzen
capelli d'angelo in brodo	Fleischbrühe mit Suppennudeln
crema di zucca	Kürbiscremesuppe
minestra di riso	Reissuppe
il minestrone	dicke Gemüsesuppe
pasta e fagiọli	dicke Suppe mit Bohnen und Nudeln
stracciatella	Einlaufsuppe
zuppa di pane	Brotsuppe
zuppa di pesce	Fischsuppe
zuppa pavese	Fleischbrühe mit Toast und Ei

CARNI | FLEISCHGERICHTE

Zeigebilder: Seite 44

agnello	Lamm
ągnello di latte	Lammbraten
ąnitra	Ente
arrosto di vitello	Kalbsbraten
bistecca ai ferri	gegrilltes Steak
bollito misto	verschiedene Fleischarten, gekocht
capretto	Zicklein
tagliata	in Scheiben geschnittenes (Rinder-)Filetkotelett
coniglio	Kaninchen
cotoletta alla milanese	Wiener Schnitzel
cotoletta di maiąle	Schweinskotelett
fęgato	Leber
fesa di vitello	Kalbsschnitzel
la lepre	Hase
lịngua	Zunge
il maiąle	Schweinefleisch
lombata di vitello	Kalbslendchen
manzo/bue	Rindfleisch
il montone	Hammel
oca	Gans
ossobuco	Kalbshaxenscheibe mit Soße
petti di pollo	Hühnerbrust
il piccione	Taube
pollo	Huhn
pollo arrosto	Brathuhn
le polpette (svịzzere)	deutsches Beefsteak, Hamburger
i rognoni	Nieren
i saltimbocca alla romana	kleine Kalbsschnitzel mit Schinken und Salbei
le scaloppine di vitello	kleine Kalbsschnitzel
spezzatino	Gulasch mit Tomaten
stufato	Schmorbraten
tacchino	Truthahn
trippa	Kutteln
vitello	Kalbfleisch
lo zampone	gefüllter Schweinsfuß

PESCE E CROSTACEI | FISCH UND SCHALTIERE

Zeigebilder: Seite 45

anguịlla	Aal
aragosta	Languste
i calamari	Tintenfische
le cozze/vọngole	Muscheln
i dạtteri di mare	Dattelmuscheln
fritto di pesce	gebackene Fischchen
i frutti di mare	verschiedene Meerestiere
gạmbero, grạnchio	Krebs, Krabbe
il pesce spada	Schwertfisch
coda di rospo	Seeteufel
pạssera di mare	Scholle
polpo	Oktopus
il salmone	Lachs
scampi fritti	gebackene kleine (See-)Krebse
sgombro	Makrele
sọgliola	Seezunge
trịglia	Barbe
tonno	Thunfisch
trota	Forelle

VERDURA E CONTORNI | GEMÜSE UND BEILAGEN

Zeigebilder: Seite 41

gli asparagi	Spargel
biẹtola	Mangold
i brọccoli	Brokkoli
i carciọfi	Artischocken
le carote	Karotten, Möhren
il cavolfiọre	Blumenkohl
cạvolo	Kohl
cipolla scalogna	Schalotte
i fiori fritti	frittierte Zucchiniblüten
cicọria belga	Chicorée
i fagiọli	weiße Bohnen
i fagiolini	grüne Bohnen
finocchi	Fenchel
i funghi	Pilze
lattuga	Kopfsalat

le lenticchie	Linsen
le melanzane	Auberginen
le patate	Kartoffeln
le patatine fritte	Bratkartoffeln, Pommes frites
i peperoni	Paprikaschoten
i piselli	Erbsen
i pomodori	Tomaten
i ravanelli	Radieschen
sędano	Sellerie
gli spinaci	Spinat
gli zucchini	Zucchini

INSALATE | SALATE

insalata mista	gemischter Salat
insalata verde	grüner Salat
radịcchio	roter, leicht bitterer Kopfsalat
scarola	Endivie
valeriana	Feldsalat

UOVA | EIERSPEISEN

frittata	Omelett, Pfannkuchen
uọva al tegame	Spiegeleier
uọva sode	harte Eier
uọva strapazzate	Rühreier

FORMAGGI | KÄSE

> Zeigebilder: Seite 43

bel paese	milder Weichkäse
gorgonzola	pikanter Fettkäse mit grünem Schimmel
gruvięra	Emmentaler Käse
mozzarella	frischer Büffelkäse
parmigiạno/grana	Parmesankäse
pecorino	Schafskäse
provolone (affumicato)	Büffelkäse, pikant (und geräuchert)
ricotta	Quark
stracchino	milder Streichkäse
talęggio	weißer Fettkäse

DOLCI E FRUTTA | NACHSPEISEN UND OBST

Zeigebilder: Seite 42 f.

budino	Pudding
crème caramel	Karamellpudding
cassata	Eisschnitte mit kandierten Früchten
gelato	Eis
macedọnia	Obstsalat
tiramisụ	Biskuitgebäck
zabaiọne	Eiercreme
zuppa inglese	Biskuit mit Vanillecreme
albicocca	Aprikose
arạncia	Orange
ciliẹgie	Kirschen
cocọmero/angụria	Wassermelone
fichi	Feigen
frạgole	Erdbeeren
lamponi	Himbeeren
mela	Apfel
melone	Honigmelone
mirtilli rossi	Preiselbeeren
pera	Birne
pesca	Pfirsich
prugna/susina	Pflaume
uva	Trauben

GELATI | EIS

albicocca	Aprikoseneis
cioccolata	Schokoladeneis
coppa assortita	gemischter Eisbecher
coppa con panna	Eisbecher mit Sahne
fiọr di latte	Sahneeis
frạgola	Erdbeereis
lampone	Himbeereis
limone	Zitroneneis
mirtilli	Heidelbeereis
nocciọla	Haselnusseis
tartufo	Vanilleeis mit Schokoladenüberzug
vanịglia/crema	Vanilleeis

BEVANDE ANALCOLICHE | ALKOHOLFREIE GETRÄNKE

acqua minerale	Mineralwasser
acqua di seltz	Selterswasser
amarena	Kirschsaft
aranciạta	Orangeade
gassosa	Brause, Sprudel
spremuta di limone	frisch gepresster Zitronensaft
succo di frutta	Fruchtsaft
succo di mele	Apfelsaft
succo di pomodoro	Tomatensaft
succo d'uva	Traubensaft

CAFFETTERIA | CAFETERIA

il caffè, espresso	kleiner, starker Kaffee ohne Milch
il caffè macchiạto	kleiner, starker Kaffee mit Milch
cappuccino	Kaffee mit schaumig geschlagener Milch
camomilla	Kamillentee
chai latte	Chai Latte
il tè al latte/limone	Tee mit Milch/Zitrone
cioccolata con panna	Trinkschokolade mit Schlagsahne

VINI | WEIN

Aleạtico	süßer Rotwein aus der Toskana
Asti spumante	piemontesischer Schaumwein
Barbera	ziemlich herber piemontesischer Rotwein
Bardolino	roter Tischwein aus der Gegend des Gardasees
Chiạnti	ziemlich schwerer Rotwein aus der Toskana
Frascati	nicht sehr süßer Weißwein (Castelli bei Rom)
Grignolino	herber piemontesischer Rotwein
Làcrima Christi	ziemlich süßer, schwerer Rotwein (Neapel)
Lambrusco	etwas prickelnder Rotwein (Modena–Bologna)
Marino	herber Weißwein aus den „Castelli Romani"
Marsala	schwerer süßer Wein aus Sizilien
Moscato	Gewürzwein, Muskateller
Orviẹto	feiner süßer oder herber Weißwein
Ruffino	toskanischer Rotwein
Valpolicella	Veroneser Rotwein

GETRÄNKEKARTE

BIRRE | BIER

birra scura/chiạra	dunkles/helles Bier
birra forte/birra alla spina	Bockbier/Bier vom Fass

LIQUORI | SCHNÄPSE UND LIKÖRE

amaro	Magenbitter
grappa	klarer Tresterschnaps
sambuca	Likör mit Anisgeschmack
Vẹcchia Romagna	italienischer Kognak

WIE DIE EINHEIMISCHEN

Insider Tipps

Essenszeiten

Egal, wann man morgens aufgestanden oder wie der Tag gelaufen ist: Auch am Wochenende oder im Urlaub ist es gänzlich unvorstellbar, vor 19:30–20:00 Uhr zu Abend zu essen – und je südlicher im Stiefel, desto später.

Inklusive?

Auf den Speisekarten wird meist ein Preis für das *coperto* („Gedeck") angegeben. Dieser Betrag ist immer zu bezahlen, unabhängig vom Umfang Ihrer Bestellung. Dafür wird für die Brötchen und *grissini*, die bei jeder italienischen Mahlzeit auf dem Tisch stehen, nichts berechnet.

Trinkgeld

Es ist üblich, im Restaurant, Café oder auch im Taxi zunächst nur den Rechnungsbetrag zu bezahlen. Auf den Hinweis „stimmt so!"= *va bene così!* reagiert kein italienischer Kellner. Es bleibt Ihnen überlassen, dann noch ein Trinkgeld zu geben.

Caffè ≠ Kaffee!

Wenn Sie in Italien einen *caffè* bestellen, bekommen Sie keinen „Kaffee", wie Sie ihn gewohnt sind, sondern einen Espresso. Davon gibt es allerdings einige Varianten: Beim *caffè doppio* handelt es sich um zwei *espressi*, der *caffè lungo* enthält mehr Wasser, der *caffè macchiato* wird mit ein wenig Milch serviert und den *caffè corretto* trinkt man mit einem Schuss Alkohol, wie z. B. einer Grappa, einer Sambuca, einem Fernet oder einer Vecchia Romagna. Den von den Deutschen so geliebten *cappuccino* trinken die Italiener nie nach dem Essen oder am Nachmittag, sondern nur zum Frühstück.

> ERFOLGREICH SHOPPEN

Mal ist es der schicke Schuh oder das schöne Souvenir, mal die Zahnbürste oder das Vollkornbrot – jetzt sind Sie für alle Eventualitäten gerüstet. Plus: praktische Zeigebilder

IM GESCHÄFT | AL NEGOZIO

Danke, ich sehe mich nur um.	Grạzie, volevo solo dare un'occhiata.
Wo finde ich ...?	Dove si può trovare …?
Ich möchte ...	Vorrei …
Haben Sie ...?	Ha …?
Nehmen Sie Kreditkarten?	Accetta carte di crẹdito?
Wie viel kostet es?	Quanto costa?
Das ist aber teuer!	Ma è caro!
Können Sie am Preis noch etwas machen?	Può farmi uno sconto?

EIN KAUFEN

Ich zahle höchstens ...	Pago al mạssimo …
Ich nehme es.	Lo prendo.
Können Sie mir ein ...geschäft empfehlen?	Mi può indicare un negọzio di …?

ÖFFNUNGSZEITEN ORẠRIO D'APERTURA

offen	aperto
geschlossen	chiụso
Betriebsferien	chiụso per fẹrie

GESCHÄFTE | NEGOZI

uffịcio turịstico

uffịcio postale

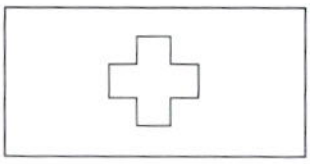
farmacịa

profumerịa

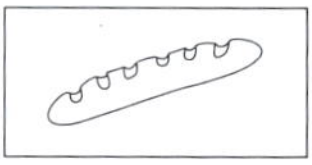
panifịcio

fruttivẹndolo

macellerịa

negọzio di prodotti biodinạmici

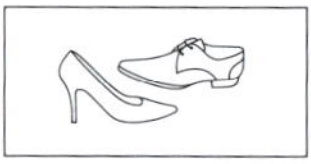
negọzio di calzature

ọttico

gioiellerịa

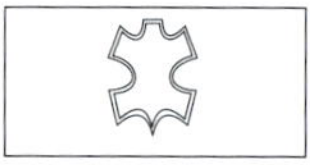
pelletterịa

l'elettricista m

negọzio specializzato in computer

gli artịcoli fotogrạfici

negọzio di cellulari

giornalạio

librerịa

negọzio di dischi

negọzio di giocạttoli

fiaschetterịa

rivẹndita di prodotti alcọlici, bottiglierịa

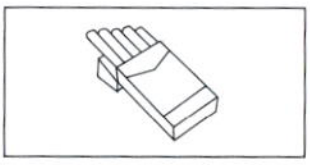
tabaccạio

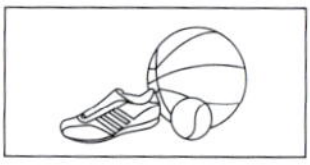
gli artịcoli sportivi

fiorạio

il parrucchiẹre

articoli casalinghi

agenzịa viạggi

Einkaufszentrum	centro commerciale
Flohmarkt	mercato delle pulci
Kaufhaus	il grande magazzino
Markt	mercato
Reiseandenken	i souvenirs
Supermarkt	supermercato

APOTHEKE | FARMACỊA

Arzt: Seite 104 ff.

Wo ist die nächste Apotheke?	Dov'è la farmacịa piú vicina?
Geben Sie mir bitte etwas gegen ...	Mi dịa qualcosa contro …, per favore.
Dieses Mittel ist rezeptpflichtig.	Ci vuọle una ricetta per questa medicina.

MAN NEHME ... PRẸNDERE ...

innerlich	per uso interno
äußerlich	esterno, esteriore
einnehmen	prẹndere
auf nüchternen Magen	a stọmaco vuọto
vor dem Essen	prima dei pasti
nach dem Essen	dopo i pasti
im Mund zergehen lassen	far sciọgliere in bocca

weiter auf Seite 60

WIE DIE EINHEIMISCHEN

Insider Tipps

Kassenbon

Die italienische Finanzpolizei ist eine der schärfsten Europas. Im Umkreis von bis zu 100 m vom Verkaufsort können Polizeikontrollen bei Kunden stattfinden. Bei fehlendem Kassenbon *(ricevuta fiscale/scontrino)* wird der Kunde genauso verantwortlich gemacht wie der Verkäufer. Bewahren Sie also den Kassenzettel immer gut auf!

Blauer Dunst

Nur Bars oder Fachgeschäfte mit einer Lizenz dürfen Tabakwaren führen. Man erkennt sie an dem großen blauen Schild mit einem weißen „T" neben der Eingangstür.

Drogerieartikel

Den Ladentyp „Drogerie" gibt es in Italien nicht. Drogerieartikel findet man teils in Supermärkten, teils in Parfümerien *(profumeria)*, in Apotheken *(farmacia)* oder in Haushaltswarengeschäften *(mesticheria, casalinghi)*.

DROGERIE | PROFUMERỊA

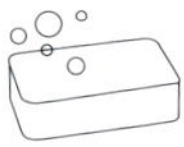
il sapone

il deodorante

crema

carta igiẹnica

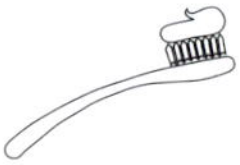
spazzolino da denti

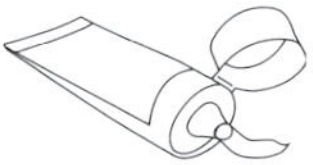
dentifrịcio

filo interdentale

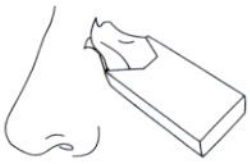
i fazzoletti di carta

lo shạmpoo

la friziọne

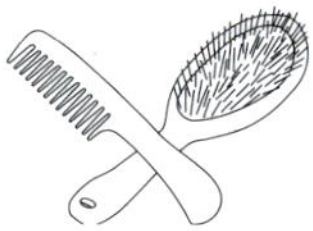
il pẹttine/spạzzola per i capelli

spẹcchio

limetta

le pinzette

le fọrbici per le ụnghie

profumo

il tampone

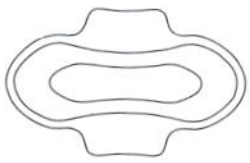
gli assorbenti

il mascara

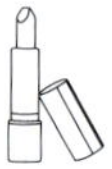
rossetto

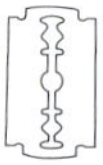
la lạmetta

rasọio

laioziọne dopobarba

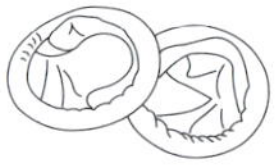
i preservativi, profilạttico

crema solare

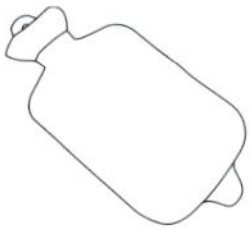
borsa dell'ạcqua calda

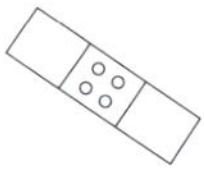
cerotto

l'oropax

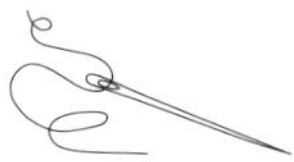
ago

filo

spillo di sicurezza

il bottone

ELEKTRO/COMPUTER/FOTO
APPARECCHI ELẸTTRICI/COMPUTER/FOTOGRAFỊA

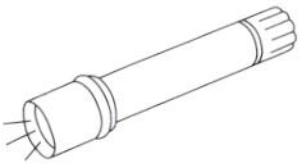
lampadina tascạbile

lampadina (ad incandescenza)

batterịa

l'adattatore m

il computer portạtile

cavo ricạrica (computer portabile)

il CD/DVD

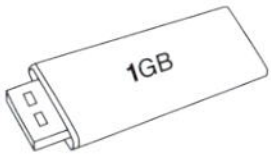

il memorystick

la stampante

lo scannerizzatore

il cellulare/telefonino

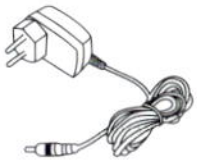
cavo ricạrica (cellulare)

il televisore

la rạdio

il player mp3/iPod

cụffia

mạcchina fotogrạfica digitale

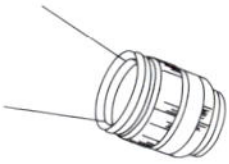
teleobiettivo

accumulatore

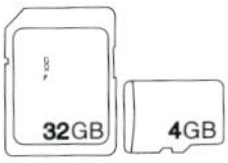

scheda di memọria

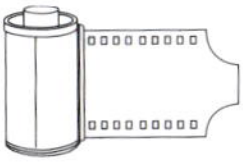
il film

tablet

mạcchina fotogrạfica/ cinepresa subạcquea

cinepresa

svẹglia

rasọio elẹttrico

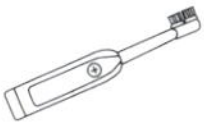
spazzolino elẹttrico

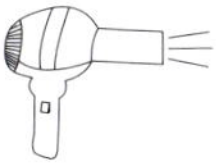
il fon

Abführmittel	lassativo
Antibabypillen	le pịllole anticoncezionali
Antibiotikum	antibiọtico
Aspirin®	aspirina
Augentropfen	le gocce per gli occhi, collịrio
Beruhigungsmittel	il calmante
Brandsalbe	pomata per le scottature
Desinfektionsmittel	il disinfettante
Elastikbinde	benda elạstica
Fieberthermometer	termọmetro
Gegengift	antịdoto
Gurgelwasser	la soluziọne per gargarismi
Halstabletten	le pastịglie per la gola
Hustensaft	sciroppo (contro la tosse)
Insektenmittel	l'insetticida m
Insulin	insulina
Jod(tinktur)	tintura di iọdio
Kamillentee	camomilla
Kondom	preservativo, profilạttico
Kopfschmerztabletten	le compresse contro il mal di testa
Kreislaufmittel	medicamento per disturbi circolatori
Magentropfen	digestivo in gocce
Medikament	medicina, fạrmaco
Mittel	medicina
Mullbinde	fạscia di garza
Nebenwirkungen	le reaziọni secondạrie
Ohrentropfen	le gocce per gli orẹcchi
Pflaster	cerotto
Pille danach	la pịllola del giorno dopo
Puder	cịpria, borotalco
Rezept	ricetta
Salbe	pomata
Schlaftabletten	i sonnịferi
Schmerztabletten	le compresse contro il dolore, gli analgẹsici
Sonnenbrand	scottatura (solare)
Tablette	compressa
Traubenzucker	glucọsio
Tropfen	le gocce
Zäpfchen	supposta

FRISEUR | IL PARRUCCHIẸRE

Kann ich mich für morgen anmelden?	Posso prẹndere un appuntamento per domani?
Schneiden mit/ ohne Waschen, bitte.	Tagliare e/senza lavare, per favore.
Nicht zu kurz/Ganz kurz/ Etwas kürzer, bitte.	Non troppo corti/Molto corti/ Un po' più corti, per favore.
Rasieren, bitte.	La barba, per favore.
Stutzen Sie mir bitte den Bart.	Mi spunti la barba, per favore.
Vielen Dank. So ist es gut.	Grạzie. Va bene così.

Augenbrauen zupfen	depilare le sopraccịglia
Bart	barba
blond	biọndo
färben	tịngere
föhnen	asciugare con il fon
frisieren	pettinare
Frisur	pettinatura
glätten	stirare
Haar	i capelli
Haarschnitt	tạglio
kämmen	pettinare
Locken	i ricci
Pony	frangetta
Scheitel	riga
Schnurrbart	i baffi

WIE DIE EINHEIMISCHEN

Insider Tipp

Verwöhnprogramm

In Italien gibt es noch echte *barbieri*, die ihren Kunden ganz klassisch mit Rasierpinsel und -messer zu Leibe rücken. Von Treviso bis Palermo können Sie sich neben Schnitt und Rasur genüsslich entspannen, denn es wird ein vielseitiges Schönheitsprogramm geboten wie Gesichts- und Kopfhautmassage, Haarverdichtung und -verlängerung und vieles mehr.

In Friseursalons werden Kundinnen nicht nur mit aktuellen Frisuren verwöhnt, sondern auch mit gnadenlos kitschigen Fotoromanen und Frauenzeitschriften, die in Hülle und Fülle zum Lesen bereitliegen.

Schuppen	forfora
Spitzen schneiden	tagliare le punte
Strähne	ciocca di capelli; (getönt) le meches
Stufen	capelli scalati
tönen	tingere

KLEIDUNG | ABBIGLIAMENTO

Können Sie mir ... zeigen?	Mi può mostrare … ?
Kann ich es anprobieren?	Posso provarlo?
Welche Größe haben Sie?	Che taglia porta?
Das ist mir zu ...	Questo mi è troppo …
eng/weit.	stretto/largo.
klein/groß.	piccolo/grande.
Das passt gut.	Va bene.
Ich nehme es.	Lo prendo.
Das ist nicht ganz, was ich möchte.	Non è proprio quello che volevo.
Haben Sie das auch noch in einer anderen Farbe?	Ce l'ha anche di un altro colore?
Danke, ich denke nochmals darüber nach.	Grazie, devo ripensarci un po'.

WIE DIE EINHEIMISCHEN

Insider Tipps

Keine Angst!

In Italien muss man bei den Konfektionsgrößen für Damen mindestens zwei Nummern aufschlagen:

deutsch	italienisch	deutsch	italienisch
34	38–40	42	46–48
36	40–42	44	48–50
38	42–44	46	50–52
40	44–46	48	52–54

Die italienischen Herrengrößen entsprechen den deutschen.

„... wie ein Handschuh!"

Calza come un guanto heißt „es passt wie angegossen".

maglietta

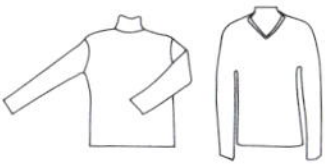
il pullover, il maglịone

mạglia con cappụccio

giạcca

i pantaloni, i calzoni

i pantaloncini, gli shorts

gonna

cintura

camicetta

camịcia

giạcca

giacca di lana, il golf

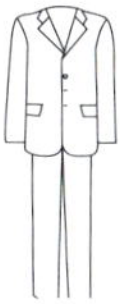
ạbito

vestito

il tailleur

cappotto, soprạbito

il collant, calzamạglia

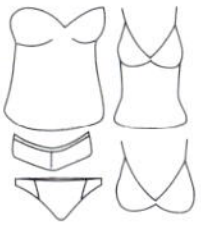
biancherịa ịntima

accappatọio

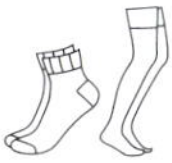
i calzini/le calze

il costume da bagno

il costume da bagno

il bikịni

berretto

cappello

i guạnti

lo sciạlle; sciạrpa

LEBENSMITTEL | ALIMENTARI

> Eine ausführliche Übersicht von Lebensmitteln und Gerichten finden Sie im Kapitel ESSEN UND TRINKEN auf Seite 41 ff.

Was ist das?	Che cos'è?
Kann ich es probieren?	Posso provarlo, -la
Verkaufen Sie ...?	Vendete …?
Bioprodukte	prodotti biolọgici
Produkte aus der Region	prodotti regionali
Geben Sie mir bitte ...	Mi dịa …, per favore.
ein Pfund/ein Kilo ...	mezzo chilo/un chilo di…
ein Stück von ...	un pezzo di …
eine Packung ...	un pacco di …
eine Dose/eine Flasche ...	una scạtola di/una bottịglia di …
eine Einkaufstüte.	un sacchetto/una sportina.
Danke, das ist alles.	Nient'altro, grạzie.

Backwaren	pane e pasticcerịa > S. 43, 46
Biokost	cibo biolọgico
Brot	il pane > S. 43, 46
Butter	burro > S. 43, 46
Eier	le uọva > S. 43, 46
Eis	gelato > S. 51
Essig	aceto
Fisch	il pesce > S. 45, 48 f.
Fleisch	la carne > S. 44, 48
frisch	fresco
Gemüse	verdura > S. 41, 49 f.
Getränke	bevande > S. 45, 52 f.
Kaffee	il caffè > S. 46, 52 f.
Käse	formạggio > S. 43, 50

WIE DIE EINHEIMISCHEN

Inside Tipp

Bitte Nummer ziehen!

Ein Tipp: Wenn Sie einkaufen gehen (z. B. beim Bäcker, Metzger ...), ziehen Sie gleich einen Bon aus dem Nummernspender. Anhand der digitalen Anzeige über der Theke kann man dann ungefähr abschätzen, wann man an der Reihe ist, und in der Wartezeit eventuell schon andere Dinge besorgen.

(ohne) Konservierungsstoffe	(senza) conservanti
Margarine	margarina
Marmelade	marmellata > S. 46
Mehl	farina
Milchprodukte	i latticini > S. 43
Nudeln	pasta
Obst	la frutta > S. 42, 51
Öl	ọlio
Pfeffer	il pepe
Sahne	panna
Salz	il sale
Schokolade	cioccolata
Süßigkeiten	i dolciụmi > S. 50 f.
Vollkorn	grano integrale
Würstchen	le salsicce
(ohne) Zucker	(senza) zụcchero

OPTIKER | ỌTTICO

Würden Sie mir bitte diese Brille reparieren?	Mi potrebbe aggiustare, questi occhiali, per favore?
Ich bin kurz-/weitsichtig.	Sono mịope/pręsbite.
Wie ist Ihre Sehstärke?	Che capacità visiva ha?
rechts plus/minus ..., links ...	destra più/meno …, sinistra …
Ich brauche ...	Ho bisogno di …
Aufbewahrungslösung	soluzione per la conservazione
Reinigungslösung	soluzione detergente
für harte/weiche Kontaktlinsen.	per lenti a contatto rigide/morbide.
Ich suche ...	Vorrei …
Eintageslinsen.	delle lenti a ricạmbio giornalięro.
eine Sonnenbrille.	un paio di occhịali da sole.

SCHMUCKWAREN | DAL GIOIELLIẸRE

Meine Uhr geht nicht mehr. Können Sie mal nachsehen?	Il mio orolọgio non va più. Potrebbe darci un'occhiata?
Ich möchte ein schönes Andenken/Geschenk.	Vorrei un bel souvenir/regalo.
Anhänger	ciọndolo
Armband	braccialetto

Armbanduhr	orolọgio da polso
Brosche	spilla
echt	vero
(Edel-)Stein	pietra (preziosa)
Gold	oro
Kette	collana, catena
Kristall	cristallo
Modeschmuck	bigiotterịa
Ohrringe	gli orecchini
Perle	perla
Ring	anello
Schmuck	gioiẹllo
Silber	argento
wasserdicht	impermeạbile

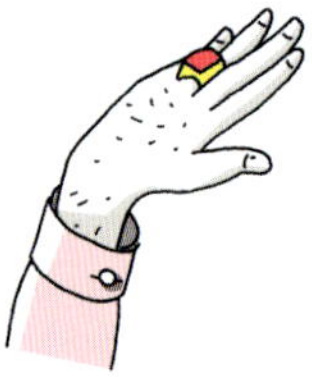

SCHUHGESCHÄFT | NEGỌZIO DI CALZATURE

Ich hätte gern ein Paar ...schuhe.	Senta, vorrei un pạio di scarpe da ...
Ich habe Schuhgröße ...	Ho il nụmero ...
Sie sind zu eng/weit.	Sono troppo strette/larghe.

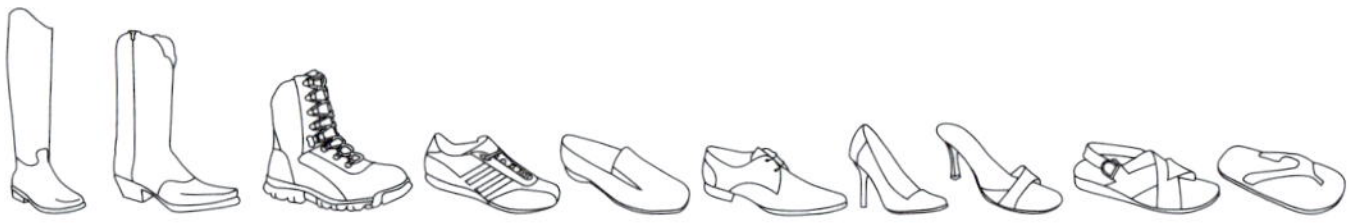

(mit) Absatz	(con) il tacco
Damenschuh	scarpa da donna
Leder-/Gummisohle	suola di cuọio/gomma
Männerschuh	scarpa da uomo
Mokassin	mocassino
Sandalen	i sạndali
Stiefel	gli stivali
Turnschuhe	le scarpe da ginnạstica
Wander-/Trekkingschuh	scarpa da trekking

SOUVENIRS | SOUVENIR

Ich hätte gern ...	Vorrei ...
ein schönes Andenken.	un bel souvenir.

etwas Typisches aus dieser Gegend.	un oggetto tịpico della zona.
Ich möchte etwas Preisgünstiges.	Vorrei spendere il giusto.
Das ist aber hübsch.	Questo sì che è carino.
Können Sie mir das bitte als Geschenk verpacken?	Potrebbe farmi un pacchetto regalo?
Danke schön, ich habe nichts gefunden, das mir gefällt.	Grạzie, ma non ho trovato niente che mi piạccia.

echt	vero
handgemacht	lavorato a mano
Keramik	cerạmica
Mitbringsel	regalino
regionale Produkte/Spezialitäten	i prodotti/le specialità regionali
Schmuck	gioiẹllo
Töpferwaren	il vasellame

SCHREIBWAREN UND BÜCHER | CANCELLERỊA E LIBRI

Ich hätte gern ...	Vorrei …
eine deutsche Zeitung.	un giornale tedesco.
eine Zeitschrift.	una rivista.
einen Reiseführer.	una guịda turịstica.
einen deutschen/englischen Roman.	un romanzo tedesco/inglese.
einen Kriminalroman.	un giallo.
einen Reiseführer.	una guida.

Bleistift	matita
Briefmarke	francobollo
Briefumschlag	busta
Kochbuch	libro di cucina
Kugelschreiber	la biro
Landkarte	carta geogrạfica
Postkarte	cartolina postale
Radiergummi	gomma
Stadtplan	piạnta della città
Wanderkarte dieser Gegend	mappa dei sentieri di questa zona.
Zeichenblock	album da disegno
Zeitschrift	periọdico
Zeitung	il giornale

ZIMMER MIT AUSSICHT

Ob WLAN im Hotel, die Kinderbetreuung in der Ferienanlage, die Rechnung per Kreditkarte – alles nur eine Frage des Service. Äußern Sie Ihre Wünsche!

AUSKUNFT

Reiseplanung: Seite 8 f.

Können Sie mir bitte ... empfehlen?	Scusi signora/signorina/signore, potrebbe consigliarmi …
ein gutes Hotel	un buon albergo?
eine Pension/ein Zimmer	una pensio̩ne?/una ca̩mera?
einen Campingplatz	un campe̜ggio?
Können Sie mir bitte etwas in der Nähe empfehlen?	Potrebbe consiglia̩rmi qualcosa ne̩i dintorni?

ÜBER NACHTEN

... IM HOTEL

REZEPTION | L'ACCETTAZIONE, LA RECEPTION

Ich habe bei Ihnen ein Zimmer reserviert. Mein Name ist ...	Ho prenotato una cạmera. Il mio nome è …
Haben Sie noch Zimmer frei?	Ha cạmere lịbere?
... für eine Nacht.	… per una notte.
... für zwei Tage.	... per due giorni.
... für eine Woche.	... per una settimana.

Nein, leider nicht.	No, purtroppo no.
Ja, was für ein Zimmer wünschen Sie?	Sì, che tipo di cạmera desịdera?
ein Einzelzimmer	una sịngola
ein Doppelzimmer	una matrimoniale
mit Dusche	con dọccia
mit Bad	con bagno
ein ruhiges Zimmer	una cạmera tranquilla
mit Blick aufs Meer	con vista sul mare
Kann ich das Zimmer ansehen?	Posso vedere la cạmera?
Ich nehme es.	Lo prendo/Lo prendo io
Können Sie noch ein drittes Bett dazustellen?	Può aggiụngere un altro letto?
Haben Sie WLAN/ein Babyfon?	Avete WLAN/Wi-Fi/un babyphone?
Was kostet das Zimmer mit ...	Quanto costa la cạmera …
Frühstück?	con la prima colaziọne?
Halbpension?	a mezza pensiọne?
Vollpension?	a pensiọne completa?
Ab wann gibt es Frühstück?	Da che ora si può fare colaziọne?
Wo ist das Restaurant?	Dov'è il ristorante?
Wecken Sie mich bitte morgen früh um ... Uhr.	Mi svegli domattina alle …, per favore.
Bitte meinen Schlüssel.	Per favore, la mia chiave.

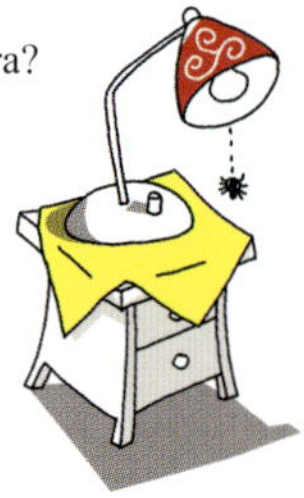

Frühstück: ESSEN UND TRINKEN auf Seite 46

BEANSTANDUNGEN | RECLAMI

Das Zimmer ist heute nicht geputzt worden.	La cạmera non è stata pulita oggi.
Die Dusche ...	La dọccia …
Die Spülung ...	Lo sciacquone …
Die Heizung ...	Il riscaldamento …
Das Licht ...	La luce …
funktioniert nicht.	non funziọna.
Es kommt kein (warmes) Wasser.	Non c'è ạcqua (calda).
Die Toilette/Das Waschbecken ist verstopft.	Il gabinetto/Il lavandino è intasato.

ÜBERNACHTUNG

ABREISE | PARTENZA

Wann muss ich spätestens auschecken?	Quando devo fare al mạssimo il check out?
Kann ich mein Gepäck bis (heute Abend) hierlassen?	Posso lasciarli qui i bagagli fino a (stasera)
Ich reise heute Abend/ morgen um ... Uhr ab.	Parto stasera/domani alle …
Nehmen Sie Kreditkarten?	Accetta carte di crẹdito?
Vielen Dank für alles! Auf Wiedersehen!	Grạzie di tutto. Arrivederci!

Abendessen	cena
Adapter	l'adattatore m
Babyfon	il babyphone
Babysitter	baby-sitter
Bademantel	l'accappatọio
Badezimmer	bagno
barrierefrei	senza barriere architettoniche
Bett	letto
Bettwäsche	biancherịa da letto
Bügeleisen	il ferro da stiro
Dusche/Duschsitz	dọccia/sedile per doccia
Etage	piạno
Fenster	finestra
Frühstück/Frühstücksraum	la colaziọne/sala per la colaziọne
Halbpension	la mezzapensiọne
Handtuch	asciugamano
Hauptsaison	alta stagiọne f
Heizung	riscaldamento
Kinderbett	lettino (per bambịni)
Klimaanlage	aria condizionata
Kopfkissen	cuscino
Mittagessen	pranzo, il desinare
Nachsaison	bassa stagiọne f
Nachttisch	comodino
Nachttischlampe	lạmpada del comodino
Portier	il portiẹre
Powernap	la power nap
reinigen	pulire
(Sofort-)Reinigung (Kleidung)	la lavanderịa a secco (servịzio rạpido) (ạbiti)
Reservierung	la prenotaziọne
Restaurant	ristorante
Rezeption	l'accettazione, la reception

rollstuhlgerecht	accessibile ai disabili con sedia a rotelle
Safe	la cassaforte
Schlüssel	la chiạve
Schrank	armạdio
Spielzimmer	la stanza giochi per bambini
Steckdose	presa
Stecker	spina
Toilette/Toilettenpapier	gabinetto/carta igiẹnica
Übernachtung (mit Frühstück)	pernottamento (con colazione)
Vollpension	la pensiọne completa
Vorsaison	bassa stagiọne f
Waschbecken	lavandino
Wasser	ạcqua
kaltes/warmes Wasser	ạcqua fredda/calda

WIE DIE EINHEIMISCHEN

Insid
Tipps

Besonderheiten zum Träumen

Italiens Unterkünfte bieten etwas für jeden Geschmack und Geldbeutel. Neben den üblichen Hotels, Apartments und Pensionen gibt es auch ein paar Besonderheiten zum Träumen, z. B. **caffèlletto:** Nach britischem Vorbild (Bed & Breakfast) werden in alten Villen, mittelalterlichen Schlössern und ländlichen Anwesen Übernachtungsmöglichkeiten mit Frühstück angeboten.
Eine mitunter etwas günstigere Variante davon ist der **agriturismo** (Ferien auf dem Bauernhof). In ganz Italien gibt es Bauernhöfe – **aziende agrituristiche** –, die Gäste aufnehmen. Etwas teurer ist das Vergnügen, auch nachts das Meeresrauschen zu hören, in **chalets**, Wohnungen direkt am Strand.

> Die MARCO POLO Reiseführer zu Italien bieten Ihnen eine gute Entscheidungshilfe. Besondere Tipps finden Sie auch auf www.marcopolo.de

Alberghi diffusi

(= verstreute Hotels) sind Teil eines neuen Touristikkonzepts. Sie liegen abseits der überlaufenen Touristenziele, meist in Dörfern. Man wohnt in restaurierten Villen, Wohn- oder Bauernhäusern. Die Zimmer (meist mit Bad) und Apartments sind auf die Häuser der Dörfer verteilt. Die Räume entsprechen nicht den üblichen Hotelstandards, sondern sind regionaltypisch und individuell gestaltet.
Man bekommt so das Gefühl, bei den Einheimischen zu Hause zu leben, ohne aber auf den gewohnten Hotelkomfort verzichten zu müssen: In höchstens 200 m Entfernung findet man stets ein Service-Center mit der zentralen Rezeption, Restaurants, Schwimmbad, Wellnessbereich oder Sportanlagen.
Weitere Informationen unter: www.alberghidiffusi.it.

ÜBERNACHTUNG

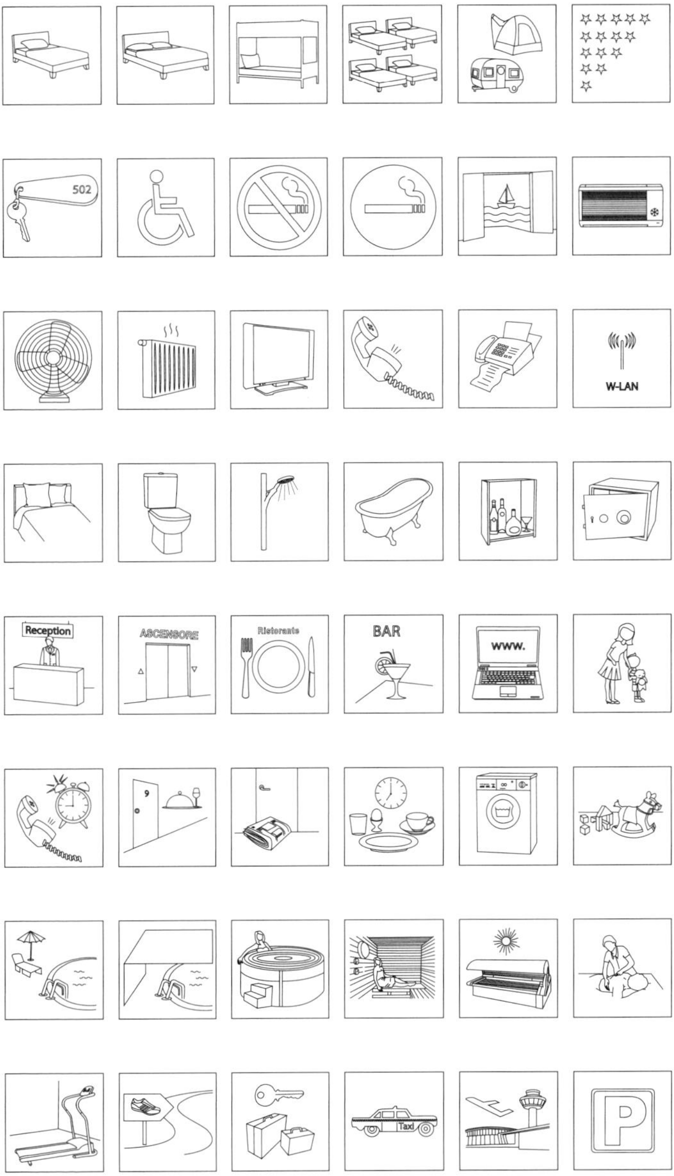

... IM FERIENHAUS

Reiseplanung: Seite 8 f.

Ist der Strom-/Wasserverbrauch im Mietpreis enthalten?	La luce/L'ạcqua è compresa nel prezzo d'affitto?
Sind Bettwäsche und Handtücher vorhanden?	Ci sono le lenzuola e gli asciugamani?
Wo und wann kann ich die Schlüssel abholen?	Dove e quando posso ritirare le chiavi?
Müssen wir die Endreinigung selbst übernehmen?	Spetta a noi il lavoro di pulizịa finale?
Wohin kommt der Müll?	Dove va gettata l'immondizia?
Gibt es hier ein Lebensmittelgeschäft?	C'è un negozio di generi alimentari qui vicino?

Anreisetag	giọrno d'arrivo
Anzahlung	la caparra
Appartement	appartamento
Bettwäsche	biancheria da letto
Bungalow	il bungalow
Endreinigung	pulizịa finale
Ferienanlage	centro vacanze
Ferienhaus	casa per le vacanze
Ferienwohnung	appartamento per le vacanze
Handtuch	asciugamano
Hausbesitzer	il padrone di casa
Haustiere	gli animali domẹstici
Kaution	la cauzione
Kochnische	cucinino, cucinotto
Miete	affitto, nolẹggio
Müll	immondịzia
Mülltrennung	raccolta differenziata
Nebenkosten	le spese (accessọrie)
Schlafcouch	divano letto
Schlafzimmer	cạmera da letto
Schlüssel	la chiạve
Strom	la corrente
vermieten	affittare, noleggiạre
Waschmaschine	la lavatrice
Zimmer	cạmera

piạtto

i bicchieri

tazza/tazze

portauovo

forchetta

cucchiạio

coltello

cucchiaino

mẹstolo

la paletta da cucina

ramaiolo

frusta

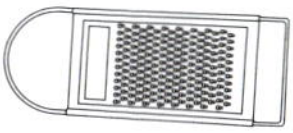
grattụgia

il tagliere

colino

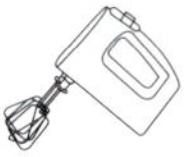
il frullatore

pentola

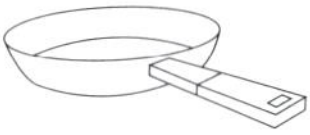
padella

ciọtola/ciọtole

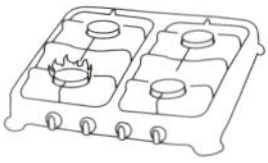
cucina a gas

cucina econọmica/forno

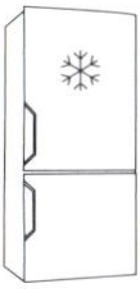
frigorịfero

la lavastovịglie

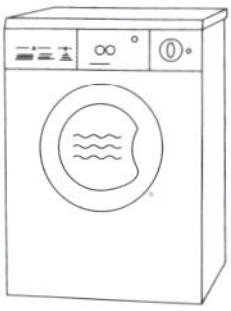
la lavatrice

il bollitore

mạcchina del caffè

filtro per il caffè

il tostapane

l'aspirapọlvere

lavapavimento

ferro da stiro

corda per stẹndere il bucato

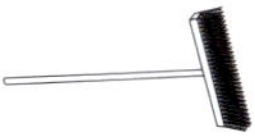
scopa

paletta per la spazzatura

i prodotti per pulire

sẹcchio

… AUF DEM CAMPINGPLATZ

Haben Sie noch Platz für einen Wohnwagen/ein Zelt?	C'è ancora posto per una roulotte/una tenda?
Wie hoch ist die Gebühr pro Tag und Person?	Quanto si paga al giọrno a persona?
Wie hoch ist die Gebühr für …	Quanto si paga per …
das Auto?	l'ạuto?
den Wohnwagen?	la roulotte?
das Wohnmobil?	il camper?
das Zelt?	la tenda?
Wir bleiben … Tage/Wochen.	Rimaniạmo … giọrni/settimane.
Gibt es hier ein Lebensmittelgeschäft?	C'è un negọzio di alimentari?
Wo sind …	Dove sono ...
die Toiletten?	i servizi igiẹnici?
die Waschräume?	i lavandini?
die Duschen?	le docce?
Gibt es hier Stromanschluss?	C'è una presa di corrente?

Abfallbeutel	sacco delle immondịzie
Alufolie	fọglio di allumịnio
Benutzungsgebühr	tassa per l'uso
Brennspiritus	spịrito industriale
Camping	camping m, campẹggio
Campingplatz	campẹggio
Dosenöffner	l'apriscạtole m
Essbesteck	le posate
Flaschenöffner	l'apribottịglie m
Gasflasche	bọmbola di gas
Gaskocher	fornello a gas
Geschirrspülbecken	lavandino per i piạtti
Grill	grịglia
Grillkohle	carbonella
Hammer	il martello
Hering	il picchetto
Kerzen	le candele
Kocher	fornello
leihen	prestare
Leihgebühr	tariffa di nolẹggio
Petroleum	petrọlio
Petroleumlampe	lampada a petrọlio

ÜBERNACHTUNG

Schlafsack	il sacco a pelo
Spaten	la vanga
Steckdose	presa
Stecker	spina
Strom	la corrente
Stromanschluss	presa di corrente
Taschenlampe	la pila/tọrcia
Taschenmesser	temperino, coltello tascạbile
Trinkwasser	ạcqua potạbile
Voranmeldung	preavviso
Wäscheklammern	molletta (per stẹndere la biancherịa)
Wasser	ạcqua
Wohnmobil	il camper
Wohnwagen	la roulotte
Zelt	tenda
zelten	campeggiare
Zeltschnur	lạccio da tenda
Zeltstange	palo da tenda

... IN DER JUGENDHERBERGE

Kann ich bei Ihnen ... leihen?	Mi può prestare ...
... Bettwäsche	... la biancherịa da letto?
... einen Schlafsack	... un sacco a pelo?
Die Eingangstür wird um 24 Uhr abgeschlossen.	Il portone d'ingresso vịene chiụso alle ore 24.

Internet	ịnternet
Jugendherberge	ostello della gioventù
Jugendherbergsausweis	tẹssera per gli ostelli della gioventù
Küche	cucina
Mitgliedskarte	tẹssera di sọcio
Schlafsaal	dormitọrio
Schlafsack	sacco a pelo
Waschraum	stanzino da bagno

> WAS UNTERNEHMEN WIR?

Ob authentischer Kochkurs, spannende Wandertour oder großartiger Theaterabend: Die nächsten Seiten helfen Ihnen dabei, jede Menge Urlaubsabenteuer zu erleben.

AUSKUNFT

Ich möchte einen Stadtplan von ... haben.	Vorrei una pianta di ...
Welche Sehenswürdigkeiten gibt es hier?	Che cosa c'è da vedere qui?
Gibt es Stadtrundfahrten?	Ci sono dei giri turịstici della città?
Was kostet die Rundfahrt?	Quanto costa il bigliẹtto?

VOLLES PROGRAMM

SEHENSWÜRDIGKEITEN/MUSEEN

Wann ist das Museum geöffnet?	Quando è aperto il musẹo?
Wann beginnt die Führung?	Quando comịncia la vịsita guidata?
Gibt es auch eine Führung auf Deutsch/Englisch?	C'è una vịsita guidata anche in tedesco/inglese?
Darf man hier fotografieren?	È possibile fare foto qui?

Altar	l'altare m
Altstadt	centro stọrico
Amphitheater	anfiteatro
Architektur	architettura
Arena	arena
Audioguide	l'audioguide (f)
Ausgrabungen	gli scavi
Ausstellung	mostra, l'esposiziọne f
Besichtigung	vịsita
Bild	quadro
Bildhauer	lo scultore
Burg	fortezza
Denkmal	monumento
Dom	duọmo
Festung	fortezza
Fremdenführer	guịda turịstica, il cicerone
Friedhof	cimitero
Führung	vịsita guidata
Galerie	gallerịa (d'arte)
Gebäude	edifịcio
Gemälde	dipinto
Gottesdienst	messa, la funziọne sacra
Jahrhundert	sẹcolo
Kapelle	cappella
Kathedrale	la cattedrale
Kirche	chiẹsa
König/in	re/regina
Malerei	pittura
Maler/in	pittore/pittrice
Museum	musẹo
Plastik	scultura

WIE DIE EINHEIMISCHEN

Inside Tipp

Jahrhunderte

Achtung, Stolperfalle: In der Kunst- und Literaturgeschichte werden die Jahrhunderte vom 13. Jahrhundert an – anders als wir es gewohnt sind – folgendermaßen bezeichnet: *il Duecento* („das 13. Jahrhundert"), *il Trecento* („das 14. Jahrhundert") usw. bis *il Duemila* („das 21. Jahrhundert"). *Il Duecento* ist also nicht, wie man vermuten könnte, das 12., sondern das 13. Jahrhundert.

Platz	piạzza
Rathaus	municịpio
Religion	la religiọne
restaurieren	restaurare
Ruine	rovina
Schloss	castello
Sehenswürdigkeiten	le cose da vedersi, attrazioni
Stadtrundfahrt	giro della città
Turm	la torre

AUSFLÜGE

Wann treffen wir uns?	Quando ci incontriạmo?
Wo ist der Treffpunkt?	Dov'è il punto d'incontro?
Kommen wir am/an ... vorbei?	Passiamo da ...?
Besichtigen wir auch ...?	Andiamo anche a vedere ...?
Wann fahren wir zurück?	Quando torniamo?

Ausflug	gita, l'escursione f
Aussichtspunkt	il belvedere
Berg	il monte
Bergdorf	villạggio di montagna
Botanischer Garten	giardino botạnico
Fischerhafen	porto di pesca
Fischerort	villạggio di pescatori
Fluss	il fiụme
Freizeitpark	parco divertimenti
Gebirge	montagna
Geländewagen	il fuoristrada
Gipfel	cima
Grotte	grotta
Höhle	grotta, caverna
Inselrundfahrt	giro dell'ịsola
Landesinnere	entroterra
Landschaft	paesạggio
Markt	mercato
Markthalle	mercato coperto
Nationalpark	parco nazionale
Naturschutzgebiet	parco nazionale
Plantagen	le piantagiọni
Quelle	la sorgente, la fonte
Schlucht	gola

See	lago
Tagesausflug	gita di un giọrno
Vulkan	vulcano
Wald	bosco
Wallfahrtsort	luogo di pellegrinạggio
Wasserfall	cascata
Wildpark	riserva di cạccia
Zoo	lo zoo

AM ABEND

KNEIPE/BAR/CLUB | PUB/BAR/CLUB

Was ist ... los?	Cosa c'è …?
dieses Wochenende	questo fine settimana
heute Abend	stasera
Was kann man hier abends unternehmen?	Che cosa si puo' fare qui la sera?
Gibt es hier eine gemütliche Kneipe?	C'è un locale simpạtico da queste parti?
Wo kann man hier tanzen gehen?	Dove si può andare a ballare?
Welche Musikrichtung wird hier gespielt?	Che tipo di mụsica suọnano qui?
Ein Whisky-Soda, bitte.	Un whisky e soda, per favore.
Das Gleiche noch einmal.	Un'altra/Un altro, per favore.
Diese Runde übernehme ich.	Stavolta offro io.
Wollen wir tanzen?	Balliamo?
Wo kann man hier Zigaretten kaufen?	Dove si possono comprare le sigarette?

ausgehen	uscire
Band	complesso
Bar/Club/Diskothek	il bar/club/discoteca
DJ	DJ
Folklore	il folclore
Kneipe	osterịa, il pub
Livemusik	mụsica dal vivo
Party	party
Schwulen-/Lesbenszene	la comunità gay/lẹsbica
Spielcasino	casinò
tanzen	ballare
Türsteher	il portiẹre

VOLLES PROGRAMM

THEATER/KONZERT/KINO | TEATRO/CONCERTO/CINEMA

Haben Sie einen Veranstaltungskalender für diese Woche?	Ha un programma delle manifestazioni di questa settimana?
Welches Stück wird heute Abend im Theater gespielt?	Scusi, saprebbe dirmi che pezzo danno oggi a teatro?
Können Sie mir ein gutes Theaterstück empfehlen?	Mi può consigliạre una buọna rappresentaziọne teatrale?
Wann beginnt die Vorstellung?	Quando comịncia lo spettạcolo?
Wo bekommt man Karten?	Dove si cọmprano i biglietti?
Bitte zwei Karten für heute Abend.	Due biglietti per stasera, per favore.
Kann ich bitte ein Programm haben?	Mi può dare un programma, per favore?
Wo ist die Garderobe?	Dov'è il guardaroba?

Ballett	balletto
Eintrittskarte	bigliẹtto
Festival	il fẹstival
Film	il film
Kasse	cassa
Kino	il cịnema
Konzert	concerto
Oper	ọpera
Premiere	prima
Schauspiel	teạtro
Theater	teạtro
Veranstaltungskalender	calendạrio delle manifestaziọni
Vorstellung	spettạcolo
Vorverkauf	prevẹndita

WIE DIE EINHEIMISCHEN

Insider Tipp

Nie overdressed

Lohnenswert ist ein Besuch in einem der vielen alten italienischen Theaterhäuser. Das Programm ist meist sehr vielfältig und reicht von Schauspiel, Ballett und Oper bis zu Jazz- und Popkonzerten.

In etablierten Häusern achtet man auf passende Kleidung, Sie dürfen sich ruhig elegant anziehen, overdressed ist man hier nie!

FESTE/VERANSTALTUNGEN | FESTE/MANIFESTAZIONI

Könnten Sie mir bitte sagen, wann das ...-Festival stattfindet?	Scusi, potrebbe dirmi quando avrà luogo il Festival …?
vom ... bis ...	dal ... al ...
jedes Jahr im August	ogni anno in agosto
alle (2) Jahre	ogni (due) anni

Dorffest	festa del paese
Faschingsdienstag	martedì grasso
Festival	il fẹstival
Giro d'Italia	Giro d'Italia
Jahrmarkt	fiera
Lanzenrennen	giostra
Maifeier	Calendimạggio
mittelalterliches Pferderennen	pạlio
Prozession/Umzug	processione/sfilata

STRAND UND SPORT

AM STRAND | ALLA SPIẠGGIA

Ist die Strömung stark?	È molto forte la corrente?
Ist es für Kinder gefährlich?	È pericoloso per i bambini?
Wann ist Ebbe/Flut?	Quando viẹne la bassa marẹa/l'alta marẹa?

Bademeister	bagnino
Badestrand	spiạggia (balenabile)
Dusche	dọccia
Kiosk	edịcola (Zeitungsstand), chiosco (Verkaufsbude)
Kurs	corso
Liegestuhl	sdraio
Qualle	medusa
schwimmen	nuotare
Sonnenschirm	l'ombrellone m
Strömung	la corrente
Umkleidekabinen	cabine

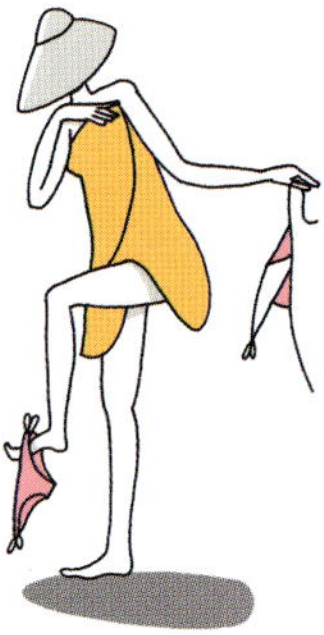

VOLLES PROGRAMM

AKTIVURLAUB/SPORT | VACANZE ATTIVE/SPORT

Welche Sportmöglichkeiten gibt es hier?	Quali sport si pọssono praticare qui?
Gibt es hier ein/eine ...?	C'è un/una … qui?
Wo kann ich ... ausleihen?	Dove posso noleggịare …?
Kann ich mitspielen?	Posso giocare anch'io?
Ich möchte einen ...kurs für Anfänger/Fortgeschrittene machen.	Vorrei fare un corso di ... per principianti/avanzati.

gewinnen	vịncere
Mannschaft	squadra
Niederlage	sconfitta
Rennen	corsa
Schiedsrichter	ạrbitro
Sieg	vittọria
Spiel	partita
unentschieden	pari
verlieren	pẹrdere
Wettkampf	gara

WASSERSPORT SPORT ACQUẠTICO

Bootsführerschein	la patente nạutica
Bootsverleih	nolẹggio di barche
Canyoning	il canyoning
Freibad/Hallenbad	piscina all'aperto/piscina coperta
Hausboot	la house boat
Kanu	canọa
Motorboot	motoscafo
Regatta	regata
Rückholservice	servịzio rimpạtrio
Ruderboot	barca a remi
Schlauchboot	canotto pneumạtico
Segelboot	barca a vela
Segeln/Segeltörn	vela/veleggiata, gita in barca a vela
Surfbrett	tavoletta per il surf
Surfen	praticare il surfing
Surfschule	scuola surf
Tretboot	pattịno a pedali
Wasserski	gli sci nautici
Wasserskooter	moto d'acqua
Wellenreiten	il surf
Windsurfen, windsurfen	il windsurf; fare windsurf

TAUCHEN NUOTARE SOTT'ACQUA

Gerätetauchen	immersione con le bombole
Harpune	fiọcina
Neoprenanzug	la muta in neoprene
Sauerstoffgerät	l'ossigenatore,m
Schnorchel	il respiratore di superfịcie
schnorcheln	fare lo snorkeling
Schwimmflossen	le pinne
tauchen	nuotare sott'acqua
Taucherausrüstung	attrezzatura da palombaro
Taucherbrille	gli occhịali da immersiọne
Tauchschule	scuola immersione

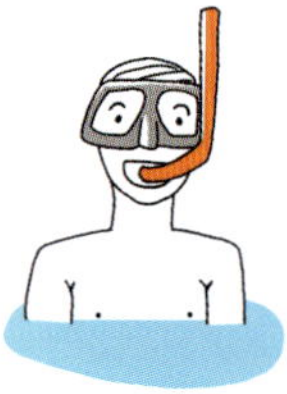

ANGELN PESCA

Wo kann man hier angeln?	Dove si può pescare?
Angel/angeln	pescare/pesca
Angelschein	licenza di pesca
Hochseefischen	pesca d'alto mare
Köder	esca
Schonzeiten	perịodo di divieto di cạccia

BALLSPIELE GIOCHI A PALLA

Ball	palla, pallone m
Basketball	il Basketball, pallacanestro
Fußball	cạlcio
Fußballmannschaft	squadra di cạlcio
Fußballplatz	campo da giọco (del cạlcio)
Netz	la rete
Tor	porta, il goal
Torwart	il portiẹre
Volleyball	la pallavolo

TENNIS UND ÄHNLICHES TENNIS E SỊMILI

Badminton	il badminton, giọco del volano
Einzel/Doppel	sịngolo/dọppio
Federball	volano
Schläger	racchetta
Squash	lo squash
Tennis	il tennis
Tennisschläger	racchetta
Tennishalle	campo da tennis coperto
Tennisplatz	campo da tennis
Tischtennis	il ping-pong

VOLLES PROGRAMM

FITNESS- UND KRAFTTRAINING FITNESS E POWER TRAINING

Aerobic	aerọbica
Faszientraining	il training fasciale
Fitnessarmband	braccialetto fitness
Indoor-Cycling	ciclismo indoor
Fitnesscenter	centro gịnnico
joggen	fare jogging
Yoga/Pilates	lo yoga/il pilates
Zumba	zumba

WELLNESS BENẸSSERE

Akupressur	l'acupressura
Aromatherapie	l'aromoterapịa
Bäder	i bagni
Beautybehandlung	il trattamento beauty
Dampfbad	bagno turco
Diätkost	l'alimentazione dietẹtica
Hamam	l'hammam,m
Maniküre/Pediküre	la manicura/la pedicura
Massage	massạggio
Peeling	il peeling
Sauna	sạuna
Solarium	solạrio

RADFAHREN CICLISMO

E-Bike	l'e-bike f
Fahrrad	bicicletta
Fahrradhelm	casco di protezione
Fahrradweg	pista ciclạbile, ciclopista
Flickzeug	gli accessori per la riparazione di forature
Luftpumpe	pompa d'ạria
Mountainbike	la mountain bike
Rad fahren	andare in bicicletta
Radrennen	corsa ciclịstica
Radtour	gita in bicicletta
Rennrad	bicicletta da corsa
Schlauch	cạmera d'ạria

WANDERN UND BERGSTEIGEN TRẸKKING E ALPINISMO

Ich möchte eine Bergtour machen.	Vorrei fare una gita in montagna.
Können Sie mir eine interessante Route auf der Karte zeigen?	Mi può indicare un itinerạrio interessante sulla carta?

Bergführer	guida alpina
Bergsteigen	alpinismo
Fernwanderweg	sentiero per escursioni a lunga distanza
Seilbahn	funivịa, la funicolare
Tagestour	mạrcia di un giorno
Wandern	camminare
Wanderweg	sentiẹro per escursiọni
Wanderkarte	mappa dei sentieri

REITEN CAVALCARE

Ausritt	cavalcata
Pferd	cavallo
reiten	cavalcare
Reiterferien	le vacanze a cavallo
Reitschule	scuola di equitazione
Reitsport	l'equitaziọne f; ịppica

GOLF IL GOLF

Golf	il golf
eine Runde Golf spielen	giocare una partita a golf
Golfschläger	mazza da golf
Greenfee	il greenfee
Parcours	il parcours, percorso
Tagesbesucher	il visitatore giornaliero
Übungsplatz	campo allenamento da golf

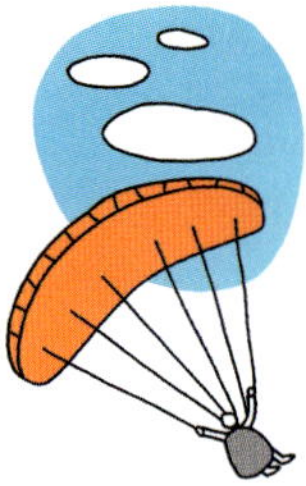

IN DER LUFT ALL'ẠRIA APERTA

Drachenfliegen	lo sport del deltaplano
Fallschirmspringen	paracadutismo
Gleitschirm	parapendịo
Paragliding	il paragliding
Schleppschirm (am Strand)	parapendịo a motore trainante
Segelfliegen	volo a vela

WINTERURLAUB VACANZE INVERNALI

Eine Tageskarte, bitte.	Un (biglietto) giornaliero, per favore.
Um wie viel Uhr ist die letzte Bergfahrt/Talfahrt?	A che ora c'è l'ụltima salita a monte/ discesa a valle?

Bergstation	la stazione a monte
Eisbahn	pista per pattinạggio su ghiạccio
Eishockey	l'hockey m su ghiạccio
Eislauf	pattinạggio su ghiạccio
Gondel/Lift	cabina/lo sciovịa, lo ski-lift

VOLLES PROGRAMM

Langlauf	lo sci di fondo
Loipe	pista di fondo
Schlitten	slitta
Schlittschuhe	i pạttini (per ghiạccio)
Ski	lo sci
Ski laufen	sciare
Skibindung	attacco
Skibrille	gli occhiali da sci
Skikurs	corso di sci
Skilehrer/in	maestro/a di sci
Skistöcke	i bastoni da sci
Snowboard	lo snowboard
Tagespass	(abbonamento) giornaliero
Talstation	la stazione a valle
Wochenpass	abbonamento settimanale

KURSE

Ich interessiere mich für ...	Mi interesserebbe fare ...
einen Italienisch-Sprachkurs.	un corso d'italiano.
für Anfänger	per principianti
für Fortgeschrittene	per avanzati
Sind Vorkenntnisse erforderlich?	Sono richieste delle conoscenze preliminari?
Bis wann muss man sich anmelden?	Fino a quando ci si deve iscrịvere?
Sind die Materialkosten inklusive?	I costi per il materiale sono compresi?
Was ist mitzubringen?	Cosa si deve portare?

(Akt)Zeichnen	disegno di nudi
(Aquarell-)Malen	pittura di acquerello
(Bauch-)Tanz	danza del ventre
Fotografieren	fotografare
Goldschmieden	i lavori d'oreficierịa
Holzwerkstatt	i lavori di falegnamerịa
Kochen	il cucinare, la cucina
Kurs	corso
Ölmalerei	pittura a ọlio
Trommeln	il suonare/bạttere il tamburo
Workshop	il workshop

Ich bin pappsatt

(wörtl. voll wie ein Ei)

Sono pieno come un uovo

> MEHR ALS NUR SPRACHE

Wenn das Wörterbuch schlappmacht und Sie nur noch Bahnhof verstehen, dann handelt es sich um einen klaren Fall von: Achtung! Slang

WERDEN SIE ZUM INSIDER

Wer kennt sie nicht, diese Situation: Sie haben in einem fremdsprachigen Land Kontakt gefunden und lauschen angeregt den Gesprächen Ihrer neuen Freunde – und da sind sie, diese mysteriösen Worte, die bei Ihnen nur ein großes Fragezeichen hinterlassen. Denn es gibt jene Vokabeln und Wendungen, die im Wörterbuch stehen, und dann gibt es jene, die auf der Straße gesprochen werden. Aber keine Panik, auf den nächsten Seiten sind Sie mittendrin in der Sprache der Insider, wie sie im Café, in den Clubs und Bars, Shops, Hotels und Hostels, beim Smalltalk in Bus und Bahn und auf den lebendigen Plätzen der Dörfer, Städte und Metropolen gesprochen wird. Und damit auch Sie zum Insider wer-

S. 95

ACHTUNG! SLANG

den, haben wir sie für Sie aufgespürt: die authentischen, die wichtigsten und witzigsten Slangausdrücke. Dabei gibt es jedoch Formulierungen, die Sie besser meiden sollten, denn: Manchmal ist Schweigen wirklich Gold. Auch zu beachten: Oft ist Umgangssprache lokal geprägt und die Aussprache kann von Region zu Region variieren. Aber mit ein wenig Geduld kann man sich auch in diese verschiedenen Dialekte einhören.

Wir wünschen Ihnen viel Spaß beim Lesen und beim Erweitern Ihres Wortschatzes!

ALLTAG

BEGRÜSSUNG UND CO.

Ciao a tutti!	Hallo zusammen!
Ciao caro/cara!	Hallo mein Lieber/meine Liebe!
Chi non muore si rivẹde!	Lange nicht gesehen! (wörtl. Wer nicht stirbt, den sieht man wieder!)
Stammi bene!	Machs gut!
In bocca al lupo!/In culo alla balena!	Hals und Beinbruch! (wörtl. dem Wolf in den Rachen/dem Wal in den Arsch)
Ci sentịamo.	Wir hören voneinander.

ANTWORTEN ...

Me ne frego.	Ist mir egal.
Per me ...	Mir egal .../Meinetwegen ... (gelangweilt)
Non me ne frega un cazzo.	Das ist mir völlig egal. (cazzo wörtl. Schwanz)
Che ne so?	Woher soll ich das wissen?
Non capisco un cazzo.	Ich verstehe nur Bahnhof.
Che cavolo/cazzo vuoi?	Was zum Teufel willst du? (cavolo wörtl. Kohl)
Che cavolo/cazzo te ne frega?	Was zum Teufel geht dich das an?
Col cazzo che lo faccio!	Ich werde einen Teufel tun!
Non ci sto!	Das mach ich nicht mit!
Non ci penso neanche!	Auf keinen Fall! (wörtl. Ich denke nicht daran)
Neanche per sogno!	Auf keinen Fall! (wörtl. nicht mal im Traum)

... UND AUFFORDERUNGEN

Senti un po' ...	Hör mal ...
Datti una mossa!	Beeil dich!
Non te la prẹndere!	Mach dir nichts draus!
Non allargarti!	Übertreibs nicht!
Camomịllati!	Komm wieder runter!
Datti una calmạta!	Ruhig Blut!

UNTER FREUNDEN ...

dare un colpo di telefono	bei jdm durchklingeln
messaggiare	simsen

ACHTUNG! SLANG

darsi una punta/un puntello	sich verabreden
fare un giro con qc	mit jdm abhängen
fare lo struscio/fare le vasche	schlendern (abendl. Treffen auf der Piazza)
bazzicare	sich herumtreiben
fare quattro chiạcchiere	plaudern
ghignare	lachen
fạrsela addosso	sich totlachen
Non ha peli sulla lingua.	Er/sie nimmt kein Blatt vor den Mund. (wörtl. Er hat keine Haare auf der Zunge.)
dirlo chiaro e tondo	es klipp und klar sagen
Ha il pelo sullo stọmaco.	Er ist hart im Nehmen. (wörtl. Er hat Haare auf dem Bauch.)*
Fa il figo.	Er ist eingebildet.
menạrsela/tirạrsela	angeben/sich wichtig tun
Ha la faccia tosta.	Er ist unverschämt.
spararle grosse/raccontarla grossa	lügen, dass sich die Balken biegen
sgamạre	erwischen
fare una figuraccia	ganz schön blöd dastehen
un guastafeste	Spielverderber

DAS GEFÄLLT ...

Un delịrio!	Wahnsinn!
Che sballo!	Geil!
È una bomba!	Es ist irre!
Alla grande!	Das geht ab!/Das rockt!
È partito.	Es ist abgefahren.
È una bazza.	Es ist traumhaft.
Che forza!	Cool!
Mi piace una cifra.	Das finde ich super.
Che figạta!	Klasse!
È fuori di testa.	Er/sie ist aus dem Häuschen.

*

Ci va grassa!	Es geht uns saugut!
Che culo!	Was für ein Glück!

... DAS LANGWEILT ...

Uffa!	Uff!/Oh nee!
Che barba!	So was Langweiliges! (wörtl. Was für ein Bart!)
palloso	langweilig
annoiarsi a morte	sich zu Tode langweilen

... UND DAS NERVT

dare i nervi	nerven
Che palle!	Das nervt!
uno sbatti/sbattimento	eine nervige Situation
cazzate/vaccate	Quatsch
un mucchio di stronzate	absoluter Müll
rompere i coglioni/le palle a qc	jdm auf den Geist gehen
fare incazzare qc	jmdn verärgern/wütend machen
È una fregatura.	Das ist ein ziemlicher Reinfall.

SCHLECHT DRAUF?

Non sono in forma.	Ich bin nicht ganz auf dem Damm.
Non sono in vena.	Ich bin nicht gut drauf.
È nel pallone.	Er/sie steht neben sich.
scoglionato	genervt
Che casino/bordello!	Was für ein Chaos!
Sono incasinato.	Bei mir geht alles drunter und drüber.
Ha la luna storta.	Er/sie ist schlecht gelaunt (wörtl. hat den Mond schief).
essere giù	niedergeschlagen sein

ACHTUNG! SLANG

prendersela	beleidigt sein
scoglionarsi	sich ärgern/keine Lust mehr haben
Mi sono rotto (le palle)./Ne ho le palle piene.	Ich habe die Schnauze voll.
Sono stufo/a!	Ich habs satt!
incavolato/incazzato	stinksauer
Mi fa schifo!	Es ist zum Kotzen!
essere a terra	am Boden zerstört sein
essere alla frutta	am Ende sein (wörtl. beim Obst (Dessert) sein)
Che sfiga!	So ein Pech!
uno sfigạto	Pechvogel
avere la tremarella	Bammel haben
conigliare	Angst haben
farsela addosso/farsela sotto/cagarsi sotto	sich vor Angst in die Hose machen
prendersela nel culo/in quel posto	auf die Schnauze fallen
perdere la testa	die Beherrschung verlieren

ESSEN

Sto morendo di fame!	Ich sterbe vor Hunger!
Fa venire l'acquolịna in bocca.	Mir läuft das Wasser im Mund zusammen.
mangiare un boccone/fare uno spuntino	eine Kleinigkeit essen
fare merẹnda	eine Zwischenmahlzeit einnehmen
mangiare in bianco	einfaches Essen einnehmen
farsi due spaghetti	sich ein paar (wörtl. zwei) Nudeln machen
con un filo/filịno d'olio	mit ganz wenig Öl
fare la scarpetta	Brot in die Soße tunken (wörtl. das Schühchen machen)*
sbafarsi un panino	ein belegtes Brot verdrücken
fare una scorpacciata/un'abbuffata	sich den Bauch vollschlagen
abbuffạrsi di qs	sich mit etwas vollstopfen
Sono pieno come un uovo.	Ich bin pappsatt. (wörtl. voll wie ein Ei)
Non sa di niente.	Es schmeckt nach nichts.
Fa schifo.	Es schmeckt eklig.

AUSGEHEN

DRINKS

Salute!/Cin cin!	Prost!/Zum Wohl!
un drink	ein alkoholisches Getränk

uno spritz/una bicicletta	norditalienischer Aperitif auf Weißweinbasis
un bombardino	alkoholisches Getränk (auf den Skihütten heiß serviert)
acquavitaccia	Fusel

IN DER BAR/KNEIPE

farsi una bevuta con gli amici	ein Gläschen trinken gehen
fare un brịndisi	sich zuprosten
alzare il gọmito	einen (wörtl. den Ellbogen) heben
tazzare	bechern
sbronzarsi/prendersi una sbornia	sich besaufen
tirare tardi	bis spät aufbleiben
fare le ore pịccole	die Nacht durchmachen (wörtl. die kleinen Stunden machen)
il buttafuọri	Türsteher
musica da sballo	geile Musik
strapiẹno/murạto	brechend/gerammelt voll
tirato/a	aufgedonnert
bere un'ombra/un'ombretta	sich zum Frühschoppen treffen (in Venetien)

SPÄTER ...

brillo	beschwipst
Sono sfatto/fuso.	Ich bin hundemüde.
sbronzo	besoffen
ubriạco frạdicio	sturzbetrunken
È fuori come un balcone.	Er ist sternhagelvoll. (wörtl. Er ist draußen wie ein Balkon.)

RAUCHEN

il tabacchino	Tabakladen
una paglia	Zigarette
una cicca	Kippe
stabaccare	qualmen
fumare come un turco	qualmen wie ein Schlot (wörtl. wie ein Türke rauchen)
un fumatore incallito	Kettenraucher

MANN UND FRAU

LEUTE

un tipo/un tizio	Typ/Kerl
una tipa/una tizia	Mädel
un(a) fuoriclasse	ein klasse Typ/eine klasse Frau
un tipo sgamạto	ein aufgeweckter Typ
un figo	ein geiler Typ
una gran figa	eine scharfe Frau
È ben dotato	Er ist gut bestückt.
una tettona	eine Frau mit großem Busen
Ha un bel davanzạle.	Sie hat viel Holz vor der Hütte. (wörtl. eine schöne Fensterbank)*
un cocco di mamma	Muttersöhnchen
un tappo	ein kleiner Mann (wörtl. Korken)
una stangona	Bohnenstange
il matusa	der Alte

FLIRTEN UND MEHR

Mi piace un sacco/un casino.	Er/sie gefällt mir wahnsinnig gut.
Complimenti alla mamma!	Du siehst umwerfend aus! (wörtl. Ein Bravo für die Mama)
È uno schianto!	Sie ist umwerfend!
lumạre	anstarren
abbordare/intortare	anquatschen/anmachen
flirtare	flirten
È cotto di lei.	Er hat sich in sie verknallt. (wörtl. Er ist von ihr gekocht.)
pomiciare	knutschen
fạrsela con qc	ein Verhältnis mit jdm haben
cuccare	aufreißen

rimorchiare	abschleppen
avẹrcelo duro	eine Latte haben
il goldọne	Kondom
fare una scopata/scopare	vögeln (wörtl. fegen)*
una sveltina	ein Quickie
dare un bidone/tirare un pacco a qc	jdn versetzen
piantare/mollare/lasciare qc	mit jdm Schluss machen
Lo ha scaricato.	Er/sie hat ihn/sie fallen gelassen.
una lasciata, cento di trovate	Andere Mütter haben auch schöne Töchter. (wörtl. eine verlassen, hundert gefunden)
Hanno fatto la fuitina.	Sie sind miteinander durchgebrannt.
un matrimọnio riparatore	Mussheirat
l'addịo al celibạto	Junggesell(inn)en-Abschied
In casa loro è lei che porta i pantaloni.	Zu Hause hat sie die Hosen an.

SCHIMPFEN, LÄSTERN, FLUCHEN

STANDARDS

Mamma mia!/Dio mio!	Meine Güte!/Großer Gott!
Per carità!	Um Gottes willen!
Accidenti!	Verflixt!
Cavolo!	Teufel nochmal!/Hut ab! (wörtl. Kohl)
Porca miseria/puttana!	Donnerwetter!/Verdammte Schweinerei!
Merda!	Mist!/Scheiße!
Cazzo/Minchia!	Verdammt!
Maledizione!	Verdammt (noch mal)!
Chiudi il becco!	Halts Maul!
Non rọmpere (le palle/i coglioni!)	Nerv nicht!
Lẹvati dai piedi!	Hau ab!
Lẹvati dalle palle/dai coglioni!	Verzieh dich! (palle/coglioni wörtl. Eier)
Vaffanculo!/Vai a farti fọttere!	Verpiss dich!
Scọrdatelo!	Vergiss es!/Du kannst mich mal!
Cạvoli/Cazzi tuoi!	Dein Problem!/Pech gehabt!
inculạre qc	jdn reinlegen
sfọttere/prẹndere per il culo	verarschen
sputtanạre qc	jdn bloßstellen/schlechtmachen
sputtanạrsi	sich blamieren

ACHTUNG! SLANG

SPINNER UND TROTTEL

È un po' svitato.	Er hat eine Schraube locker.
È fuori di testa.	Er hat nicht mehr alle Tassen im Schrank.
sclerare	durchdrehen
scemo/imbecille	Trottel/Pappnase
È un tordo.	Er ist ein Trottel (wörtl. eine Drossel).
tonno	Tollpatsch (wörtl. Thunfisch)
È un esaltato.	Er ist völlig überspannt.
essere fissato/avere la fissa	auf etwas fixiert sein

MEHR BELEIDIGUNGEN

tamarro	uncooler, schlecht angezogener Typ
un fighetto/una fighetta	Snob
È un gasato.	Er ist ein Angeber.
cafọne	protzig
rompicoglioni	Nervensäge
dare i nervi/rompere i coglioni	total nerven
leccare il culo a qc	schleimen
leccacụlo	Arschkriecher
pirla	Idiot
coglione	Arschloch
Che testa di cazzo!	Was für ein Arschloch! (wörtl. Schwanz)
stronzo	Scheißkerl
pezzo di merda	Drecksack
un vecchio porco	alter Knacker
cornuto	gehörnt
checca/frocio/finocchio/recchione	Tunte/Schwuchtel
terrone	Süditaliener (wörtl. Erdfresser)
polentone	Norditaliener (wörtl. Polentafresser)

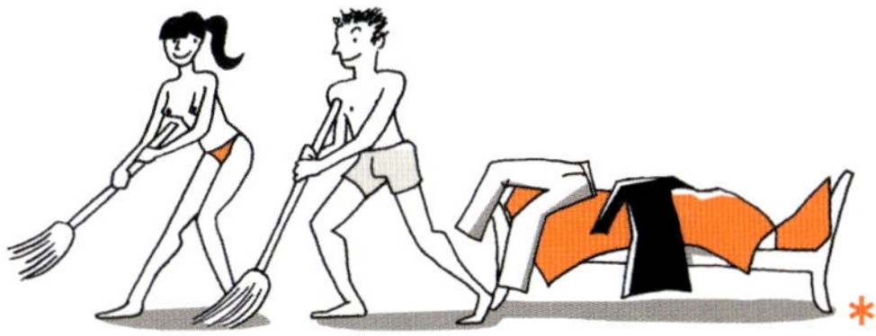

UNAPPETITLICHES

il gabinetto/il cesso	Klo
Che tanfo!	Was für ein Gestank!
fare la pipì/pisciare	pinkeln
fare la cacca/cacare/cagare	kacken
avere la cacarella/la sciolta/il cagotto	Dünnpfiff haben
scoreggiare	einen fahren lassen
ruttare	rülpsen
vomitare l'ạnima	sich übergeben/sich die Seele aus dem Leib kotzen

GELD

KOHLE

i soldi/i quattrini/la grana/il denaro	Geld/Kohle/Moos/Zaster
gli spịccioli/spicci	Kleingeld
un grụzzolo	eine Stange Geld

HABEN ODER NICHT

nuotare nell'oro	in Geld (wörtl. Gold) schwimmen
ricco sfondạto	stinkreich
fare soldi a palate	ein Schweinegeld verdienen
È un figlio/una figlia di papà.	Er ist ein Sohn/eine Tochter reicher Eltern.
un sacco/un mucchio di soldi	ein Haufen Geld
Fa il mantenuto/la mantenuta.	Er/sie lässt sich aushalten.
È uno strozzino.	Er ist ein Halsabschneider.
spilorcio/tirchio/taccagno	knauserig
È un pidọcchio.	Er ist ein Geizkragen (wörtl. eine Laus)
uno scroccone	Schnorrer
Ha le mani bucate.	Das Geld zerrinnt ihm/ihr zwischen den Fingern. (wörtl. Er hat die Hände durchlöchert.)
essere al verde/in bolletta	knapp bei Kasse, pleite sein (al verde wörtl. auf dem Grünen sein)
non avere il becco di un quattrino	nicht einen Heller in der Tasche haben
povero in canna	bitterarm

ACHTUNG! SLANG

KOSTEN ODER NICHT

Costa una fortuna/un occhio della testa/ una barca di soldi.	Es kostet ein Vermögen.
un prezzo sfacciato	ein unverschämter Preis
svenarsi	sich dumm und dämlich bezahlen
un (vero) affare/un affarone	ein gutes Geschäft/ein Schnäppchen
un prezzo stracciato	ein Spottpreis
Te lo tịrano dietro.	Es kostet 'nen Appel und 'n Ei. (wörtl. Sie werfen es dir hinterher.)*
a sbafo	umsonst
Non vale un fico secco.	Das ist keinen Pfifferling (wörtl. keine trockene Feige) wert.

AUSGEBEN UND EINNEHMEN

nuovo di pacca	nagelneu
un conto salato	eine gesalzene Rechnung
tirare sul prezzo	feilschen
scroccare	schnorren
farsi spennare	sich abzocken lassen
I conti non tọrnano.	Die Rechnung geht nicht auf.
fare i portoghesi	sich ums Zahlen drücken
Offro io!	Das geht auf meine Rechnung!
fare alla romana	jeder zahlt für sich (getrennte Rechnungen sind in Italien unüblich)

ARBEIT

fare una levataccia	in aller Herrgottsfrühe aufstehen
sgobbare	viel arbeiten/pauken

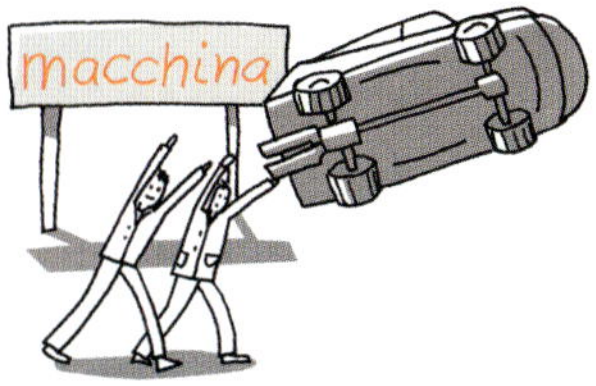

*

rimboccạrsi le mạniche	seine Ärmel hochkrempeln
Si è fatto in quattro.	Er hat richtig rangeklotzt.
Ci vuole olio di gomito.	Man muss sich ins Zeug legen. (wörtl. Man braucht Ellenbogenöl.)
fare una fatica bestiale	sich tierisch anstrengen
Si è fatto un culo/un mazzo così!	Er hat sich den Arsch aufgerissen.
stacanovista	Workaholic
ammazzarsi di lavoro	sich totarbeiten
È uno scioperato/un fancazzịsta.	Er hat keine Lust zu arbeiten.
girarsi i pollici/stạrsene con le mani in mano	Däumchen drehen
cazzeggiare	faulenzen
fannullone	Faulpelz
bigiare	blaumachen
È un assenteista.	Er ist ein Blaumacher.
Ha fatto un (gran) casino.	Er hat's vermasselt/versaut.
fare un cazziatone/cazziare a qc	jdm eine Standpauke halten
crumiro	Streikbrecher
lavoro nero	Schwarzarbeit

WETTER

Fa freschetto.	Es ist ganz schön frisch.
Fa un freddo cane.	Es ist lausig kalt. (wörtl. Es ist eine Hundskälte.)
Che tempo di merda!	Scheißwetter!
Piove che Dio la manda.	Es schifft.
bagnạto frạdicio	klatschnass
Fa un caldo bestiạle.	Es ist tierisch heiß.
prẹndere la tintarella	sich sonnen
rosso come un peperone	krebsrot (wörtl. wie eine Paprika)*
Che afa!	Voll schwül!

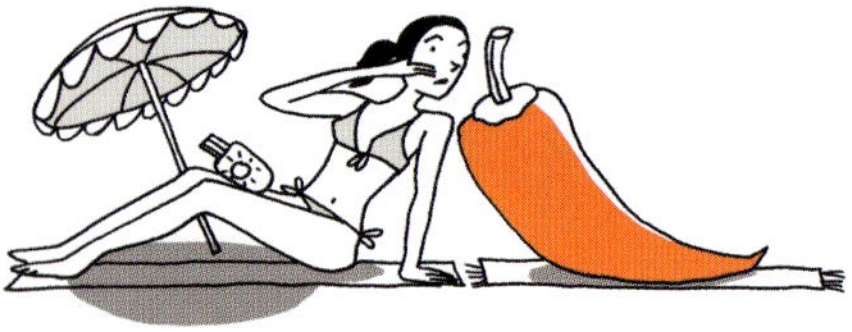
*

IMPRESSUM

Titelbild: Vektorgrafik (shutterstock/Cienpies Design)
Fotos: GettyImages: Andresr (68/69); GettyImages/Calvindexter (56 (16), 58/59 (11), 58/59 (22)); GettyImages/EyeEM: S. Arning (20/21); GettyImages/Kolostock: D./L. Jacobs (6/7); GettyImages/Plush Studios (54/55); huber-images: P. Canali (3 Mi., 78/79), S. Kremer (3 li., 36/37); mauritius images/Alamy: I. Chiosea (2 re., 104/105); mauritius images/Westend61: G. Fochesato (10/11)
Illustrationen: Mascha Greune, München
Zeigebilder/Fotos: Lazi&Lazi; Food Collection; Comstock; stockbyte; Fisch-Informationszentrum e.V.; Fotolia/Christian Jung; Fotolia/ExQuisine; photos.com
Bildredaktion: Gabriele Forst; red.sign, Stuttgart (S. 41–45)
Zeigebilder/Illustrationen: Factor Product, München; HGV Hanseatische Gesellschaft für Verlagsservice, München (S. 44/45, 56, 58/59, 63, 66, 73, 75)

9., aktualisierte Auflage 2018

Chefredaktion: Marion Zorn, MAIRDUMONT, Ostfildern
Redaktion: PONS GmbH, Stuttgart; Tamara Hub, MAIRDUMONT, Ostfildern; Barbara Pflüger, Stuttgart; trans texas publishing services GmbH, Köln
Konzept und Projektleitung: Carolin Schmid, C.C.SCHMID München
Bearbeitet von: Raffaella Marini, München; Dania d'Eramo, Bonn
Satz: Fotosatz Kaufmann, Stuttgart

Kapitel Achtung! Slang
Redaktion: MAIRDUMONT, Ostfildern; Bintang Buchservice GmbH, Berlin
Autorin: Eleonora Zoratti, Trierweiler

Titelgestaltung: Michael Schipke, MAIRDUMONT, Ostfildern
Innengestaltung: Zum goldenen Hirschen, Hamburg; red.sign, Stuttgart

Printed in Poland

MIX
Paper
FSC FSC® C018236

> AUF ALLES VORBEREITET

Beim Arzt, bei der Polizei oder auf der Bank: Wenn's knifflig wird oder schnell gehen soll, dann hilft Ihnen dieses praktische Kapitel in jedem (Not-)Fall!

ARZT

AUSKUNFT | INFORMAZIỌNI

Können Sie mir einen guten ... empfehlen?	Mi può consigliạre un buon …
Arzt	mẹdico?
Augenarzt	oculista?
Frauenarzt	ginecọlogo?
Hals-Nasen-Ohren-Arzt	otorinolaringoiạtra?

VON A BIS Z

Hautarzt	dermatọlogo?
Kinderarzt	pediạtra?
Nervenarzt	neurọlogo?
Praktischen Arzt	mẹdico genẹrico?
Urologen	urọlogo?
Zahnarzt	dentista?
Wo ist seine Praxis?	Dov'è il suo ambulatọrio?

Apotheke: Seite 57, 60

BEIM ARZT | DAL MẸDICO

Was für Beschwerden haben Sie?	Che disturbi ha?
Ich habe Kopfschmerzen.	Ho mal di testa.
Ich habe Halsschmerzen.	Ho mal di gola.
Ich habe Husten.	Ho la tosse.
Ich bin allergisch gegen ...	Sono allẹrgico a …
Antibiotika.	gli antibiọtici.
Bienen.	le api.
Pollen.	i pọllini.
Ich bin gegen ... geimpft.	Sono vaccinato contro …
Hepatitis A/B/A und B	l'epatite A /B/A e B.
Tetanus	il tẹtano.
Typhus	il tifo.
Wie oft muss ich es einnehmen?	Quante volte devo prẹnderlo?
Ich bin ...	Sono …
Diabetiker.	diabẹtico.
Epileptiker.	epilẹttico.
Wo tut es weh?	Dove fa male?
Ich habe hier Schmerzen.	Ho dei dolori qui.
Ich bin schwanger.	Sono incinta.
Es ist nichts Ernstes.	Non è nịente di grave.
Können Sie mir bitte etwas gegen ... geben/verschreiben?	Mi può dare/prescrịvere qualcosa contro …?
Normalerweise nehme ich ...	Di sọlito prendo …

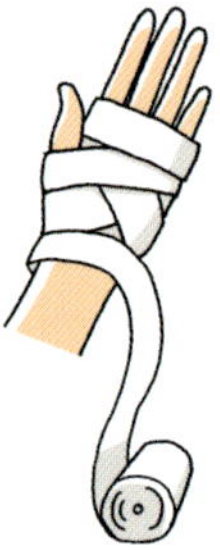

BEIM ZAHNARZT | DAL DENTISTA

Ich habe (starke) Zahnschmerzen.	Ho (un forte) mal di denti.
Dieser Zahn (oben/unten/vorn hinten) tut weh.	Questo dente (di sopra/di sotto/davanti/in fondo) fa male.
Ich habe eine Füllung verloren.	La piombatura è andata via.
Mir ist ein Zahn abgebrochen.	Mi si è rotto un dente.
Ich muss ihn plombieren.	Lo devo otturare.
Ich muss ihn ziehen.	Devo estrarlo.
Geben Sie mir bitte eine Spritze.	Mi fạccia una puntura, per favore.
Geben Sie mir bitte keine Spritze.	Non mi fạccia la puntura, per favore.

> *www.marcopolo.de/italienisch*

VON A BIS Z

IM KRANKENHAUS | IN OSPEDALE

Wie lange muss ich hier bleiben?	Per quanto tempo devo stare qui?
Wann darf ich aufstehen?	Quando potrò alzarmi?

Abszess	accesso
Aids	Aids
Allergie	allergịa
ansteckend	contagịoso
Arm	brạccio
Asthma	l'asma m/f
Atembeschwerden	difficoltà di respirazịone
atmen	respirare
Auge	ọcchio
Ausschlag	l'eruzịone f cutạnea, l'esantema m
Bänderriss	strappo dei legamenti
Bauch	il ventre
Bein	gamba
bewusstlos	privo di sensi
Blähungen	flatulenza
Blase	vescica
Blinddarm	l'appendice f
bluten	sanguinare
Blut	il sạngue
Blutdruck (hoher/niedriger)	la pressione sanguịgna (alta/bassa)
Blutvergiftung	setticemịa
Borreliose	borreliosi
Bronchitis	la bronchite
Bruch	(Leisten~) l'ẹrnia; (Knochen~) frattura
Brust	petto
Bypass	bypass
Darm	intestino
Diabetes	il diabete
Durchfall	diarrẹa
Eiter	il pus
Empfang	accettazione
Entzündung	l'infiammazịone f
erbrechen, sich	vomitare
erkälten, sich	prẹndere freddo, raffreddarsi
Facharzt	lo specialista

Fehlgeburt	aborto
Fieber	la febbre
Finger	dito
Fuß	il pięde
Gallenblase	la cistifęllea
gebrochen	rotto
Gehirn	cervello
Gehirnerschütterung	la commoziọne cerebrale
Gehirnschlag	apoplessịa cerebrale
Gelbsucht	itterịzia
Gelenk	l'articolaziọne f
Geschlechtskrankheit	malattịa venęrea
Geschlechtsorgane	gli ọrgani genitali
geschwollen	gọnfio
Geschwür	ụlcera
Gesicht	fạccia
Grippe	influęnza
Hals	collo; (Kehle) gola
Halsschmerzen	mal di gola
Hand	la mano
Haut	la pelle
Herpes	l'herpes
Herz	il cuọre
Herzanfall	attacco cardịaco
Herzbeschwerden	i disturbi cardịaci
Herzfehler	difetto cardịaco
Herzinfarkt	infarto
Herzschrittmacher	il cardiostimolatore, il pacemaker
Hexenschuss	la lombạggine
Hirnhautentzündung	la meningite
HIV-positiv	sieropositivo
Hüfte	anca
Husten	la tosse
Impfung	la vaccinaziọne
Infektion	l'infeziọne f
Ischias	sciạtica
Kinderlähmung	la pọlio(melite)
Knie	ginọcchio
Knöchel	(Fuß) mallęolo; (Hand) nocella
Knochen	osso
Knochenbruch	frattura ọssea
Kolik	cọlica

Kopf	testa
Kopfschmerzen	il mal di testa
Krampf	crampo
krank	malato
Krankenhaus	l'ospedale m
Krankenschein	buọno per le cure mẹdiche
Krankenschwester	infermiẹra
Krankheit	malattịa
Krebs	cancro
Kreislaufstörung	disturbi circolatori
Lähmung	la parạlisi
Lebensmittelvergiftung	l'intossicaziọne f da alimenti
Leber	fẹgato
Lippe	labbro
Loch (im Zahn)	la cạrie
Lunge	il polmone
Magen	stọmaco
Magenschmerzen	il mal di stọmaco
Mandeln	le tonsille
Masern	morbillo
Menstruation	la mestruaziọne
Migräne	emicrạnia
Mittelohrentzündung	l'otite f
Mumps	gli orecchiọni
Mund	bocca
Muskel	mụscolo
Narbe	la cicatrice
Narkose	anestesịa
Nase	naso
Nerv	nervo
nervös	nervoso
Nierenentzündung	la nefrite
Nierenstein	calcolo renale
Ohnmacht	svenimento
Ohr	orẹcchio
Operation	l'operaziọne f
Pilzinfektion	la micosi
Plombe	piombatura
Pocken	vaiọlo
Praxis	ambulatọrio
Prellung	la contusiọne
Prothese	la prọtesi

Puls	polso
Quetschung	la contusiọne
Rheuma	i reumatismi
Rippe	cọstola
röntgen	radiografare
Röteln	rosolịa
Rücken	schiẹna
Rückenschmerzen	il dolore alla schiẹna
Salmonellen	la salmonellosi
Schädel	crạnio
Scharlach	scarlattina
Schienbein	tịbia
Schlaflosigkeit	insọnnia
Schlaganfall	colpo apoplẹttico
Schlüsselbein	clavịcola
Schmerzen	i dolori
Schnittwunde	ferita da tạglio
Schnupfen	il raffreddore
Schulter	spalla
Schüttelfrost	i brịvidi
schwanger/Schwangerschaft	incinta/la gravidanza
Schwellung	il gonfiọre, la tumefaziọne
Schwindel	le vertịgini
schwitzen	sudare
Sonnenstich	colpo di sole
Speiseröhre	esọfago
Sprechstunde	orạrio di vịsita
Spritze	(Gerät) siringa; (Einspritzung) l'iniezione f, puntura
Stich	punto, puntura
Stirnhöhlenentzündung	la sinusite
Stuhlgang	le feci
Tetanus	tẹtano
Trommelfell	membrana del tịmpano
Typhus	tifo
Übelkeit	nạusea
Ultraschalluntersuchung	l'esame m con ultrasuọni, ecografịa
Unterleib	l'addome m
Untersuchung	l'esame m
Urin	urina
Verband	il materiạle di pronto soccorso
verbinden	fasciạre

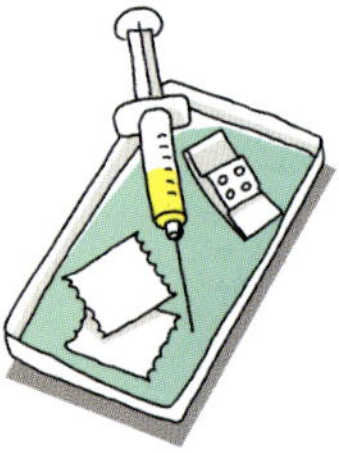

Verbrennung	l'ustiọne f
Verdauung	la digestiọne
Verdauungsstörung	l'indigestiọne f
Vergiftung	avvelenamento
verletzen	ferire
Verletzung	ferita
verschreiben	prescrịvere
verstaucht	slogato
Verstopfung	la costipaziọne, stitichezza
Virus	il virus
Wartezimmer	sala d'aspetto
wehtun	far male
Windpocken	varicella
Wunde	ferita
Zahn	il dente
Zecke	zecca
Zehe	dito del piẹde
Zerrung	stiramento
ziehen (Zahn)	tọgliere, estrarre
Zunge	lịngua

BANK/GELDWECHSEL

Zahlen: Umschlagklappe vorne

Wo ist hier bitte eine Bank/ eine Wechselstube?	Scusi, dove posso trovare una banca/ un'agenzịa di cạmbio?
Ich möchte Schweizer Franken in Euro wechseln.	Vorrei cambiạre franchi svịzzeri in Euro.
Ich möchte diesen Reisescheck einlösen.	Vorrei riscuọtere questo traveller's-chèque.
Darf ich bitte ... sehen?	Posso vedere …
Ihren Pass	il Suo passaporto
Ihren Ausweis	la Sua carta d'identità?
Würden Sie bitte hier unterschreiben?	Firmi qui, per favore.
Der Geldautomat akzeptiert meine Karte nicht.	Il bạncomat non accetta la mia carta.
Der Geldautomat gibt meine Karte nicht mehr heraus.	Il bạncomat non restituisce la mia carta.

auszahlen	pagare
Bank	banca
Betrag	importo
Euro	euro
Formular	mọdulo
Geheimzahl	nụmero segreto
Geld	denaro
Geldautomat	cassa automạtica prelięvi, il bancomat, sportello automạtico
Geldschein	banconota
Geldwechsel	cạmbio
Kasse	cassa
Kleingeld	gli spịccioli, moneta
Kreditkarte	carta di crędito
Kurs	cạmbio
Ladeterminal	sportello automạtico per il caricamento di moneta elettrọnica
Münze	moneta
Reisescheck	assegno turịstico, il traveller's chèque
Schalter	sportello
Scheck	assegno
umtauschen	cambiạre
Unterschrift	firma
Währung	valuta
Wechselkurs	corso dei cambi
Wechselstube	cạmbio

FARBEN

> Zeigebilder: Seite 4

beige	beige
blau	blu
braun	marrone
einfarbig	a tinta unita
farbig	a colori
gelb	giạllo
goldfarben	colọr oro
grau	grịgio

grün	verde
lila	lilla
orange	arancione
rosa	rosa
rot	rosso
schwarz	nero
silberfarben	color argento
türkis	turchese
violett	viola
weiß	bianco

FOTOGRAFIEREN

Zeigebilder: Seite 59

Darf ich Sie fotografieren?	La posso fotografare?
Ist hier Fotografieren erlaubt?	È permesso fotografare qui?
Wären Sie wohl so freundlich, ein Foto von uns zu machen?	Le dispiacerebbe farci una foto?
Drücken Sie bitte auf diesen Knopf.	Prema questo pulsante, per favore.
Das ist sehr freundlich (von Ihnen).	Molto gentile (da parte Sua).

FUNDBÜRO

Wo ist das Fundbüro, bitte?	Per favore, dov'è l'ufficio oggetti smarriti?
Ich habe ... verloren.	Ho perso …
Ich habe meine Handtasche im Zug vergessen.	Ho lasciato la (mia) borsa sul treno.
Benachrichtigen Sie mich bitte, wenn sie gefunden werden sollte.	Per favore, se vengono riconsegnati/ ritrovati, me lo faccia sapere.
Hier ist meine Hotelanschrift/ Heimatadresse.	Ecco l'indirizzo del mio albergo/ l'indirizzo di casa.

HANDY, TELEFON & CO.

Meine Prepaid-Karte ist leer.	La mia scheda prepagata è scạrica.
Bitte eine Prepaid-Karte (von ...)	Vorrei una scheda prepagata (di …)
Ich möchte meine Karte aufladen.	Vorrei ricaricare la mia scheda.
Bitte eine SIM-Karte.	Vorrei una carta SIM.
Für welches Gebiet gilt diese SIM-Karte?	Per quale zona vale questa SIM?
Wie viel kostet es pro Minute?	Quanto costa al minuto?
Könnten Sie mir bitte eine Tarifübersicht geben?	Potrebbe darmi una panorạmica sulle tariffe?
Haben Sie Guthabenkarten der Mobilfunkgesellschaft ...?	Ha delle carte prepagate della società di telefonịa mobile …?
Mein Akku ist leer. Haben Sie ein Ladekabel für mich?	Il mio accumulatore è scạrico. Ha un cavo per ricaricarlo?
Ich habe kein Netz.	Non ho campo.
Ich möchte ein ein R-Gespräch führen.	Vorrei fare una telefonata a cạrico del destinatạrio.
Wie ist die Vorwahl von ...?	Qual è il prefisso di …?
Ich möchte nach ... telefonieren.	Vorrei telefonare in ….
Hier spricht ...	Qui parla …
Hallo, mit wem spreche ich?	Pronto, con chi parlo?
Kann ich bitte Herrn/ Frau ... sprechen?	Scusi, potrei parlare con il signor/ la signora …?
Am Apparat.	Sono io.
Tut mir leid, er/sie ist nicht da.	Mi dispịace, ma non c'è.
Kann er/sie Sie zurückrufen?	La posso far richiamare?
Ja, meine Nummer ist ...	Sì, il mio numero è ...
Würden Sie ihm/ihr bitte sagen, ich hätte angerufen?	Gli/Le potrebbe dire che ho chiamato, per favore?
Haben Sie WLAN?	C'è il Wi-Fi?
Wie lautet das Passwort?	Qual è la password?
Ich bekomme keine Verbindung.	Non riesco a collegarmi.
Kann ich bei Ihnen etwas ausdrucken?	Posso stampare alcune pagine da Lei?

VON A BIS Z

abnehmen	rispọndere al telẹfono
Anruf	telefonata
anrufen	telefonare
Auskunft	le informaziọni
Auslandsgespräch	la comunicaziọne internazionale
besetzt	occupato
durchwählen	raggiụngere in teleseleziọne
Ferngespräch	interurbana
Gebühr	tariffa
Gespräch	la conversaziọne
GPS (Global Positioning System)	il GPS
Handy	il cellulare/telefonino
Ladekabel	il cavo cạrica
Mobiltelefon	telẹfono portạtile
Münzfernsprecher	telẹfono a gettone
Ortsgespräch	telefonata urbana
Prepaid-Karte	la scheda prepagata
Selfiestick	il bastone per selfie
SIM-Karte	la carta SIM
Smartphone	lo smartphone
Tablet	tablet
Telefon	telẹfono
Telefonbuch	elenco telefọnico
Telefongespräch	telefonata
telefonieren	telefonare
Telefonkarte	carta telefọnica

WIE DIE EINHEIMISCHEN

Insider Tipps

„Pronto“

Italiener sind auf die Wahrung ihrer Privatsphäre bedacht. Wenn Sie eine Privatperson anrufen, wird Ihnen daher nur ein einfaches *„Pronto!?“* entgegenschallen, was so viel heißen soll wie „Hier ist jemand, der bereit ist, Ihnen zuzuhören. Was wünschen Sie?“

Mit dem Handy

Es gibt spezielle Telefonkarten für Handys, die man wie die Festnetztelefonkarten *(Carta telefonica internazionale per telefono fisso)* an Zeitungskiosken oder in Tabakwarengeschäften erhält.

Telefonnummer	nụmero telefọnico
Telefonzelle	cabina telefọnica
Verbindung	la comunicazione
Vorwahlnummer	prefisso
wählen	formare il nụmero

MIT KINDERN UNTERWEGS

Gibt es auch Kinderportionen?	Avete anche porzioni per bambini?
Könnten Sie mir bitte das Fläschchen warm machen?	Mi potrebbe riscaldare il biberọn, per favore?
Haben Sie einen Wickelraum?	C'è un fasciatọio?
Wo kann ich stillen?	Dove posso allattare?
Bitte bringen Sie noch einen Kinderstuhl.	Mi porti ancora un seggiolone, per favore.
Können Sie mir einen Spielplatz empfehlen?	Mi può consigliare dei giardinetti con giochi?
Babybett	lettino
Babyfon	il babyfon
Babysitter	baby-sitter
Fläschchenwärmer	scaldabiberọn
Kinderautositz	seggiolino per l'ạuto
Kinderbetreuung	assistenza ai bambini
Kinderermäßigung	riduzione per bambini
Kindernahrung	l'alimentaziọne f infantile
Saugflasche	il biberọn
Schnuller	cịuccio, succhiẹtto
Schwimmflügel	il braccịale
Schwimmring	il salvagente
Spielplatz	campo giọchi
Spielsachen	i giocattoli
Wickeltisch	fasciatọio
Windeln	i pannolini

POLIZEI

Wo ist bitte das nächste Polizeirevier?	Dov'è la questura più vicina?
Ich möchte einen ... anzeigen.	Vorrei denunciạre …

Diebstahl	un furto.
Unfall	un incidente.
Ich bin überfallen/ vergewaltigt worden.	Sono stato,-a assalito, -a/violentato, -a.
Mir ist ... gestohlen worden..	Mi è stato rubato …/Mi è stata rubata …
die Handtasche	la borsa.
der Geldbeutel	il portafọglio.
mein Fotoapparat	la mạcchina fotogrạfica.
mein Auto	la mạcchina.
Mein Auto ist aufgebrochen worden.	La mia mạcchina è stata forzata.
Aus meinem Auto ist ... gestohlen worden.	Dalla mia mạcchina è stato rubato …
Ich habe ... verloren.	Ho perso …
Mein Sohn/Meine Tochter ist verschwunden.	Mio fịglio/Mia fịglia è scomparso/a.
Können Sie mir bitte helfen?	Mi può aiutare, per favore?
Ihren Namen und Ihre Anschrift, bitte.	Il Suo nome e indirizzo, per favore.
Ich möchte einen Anwalt sprechen.	Vorei parlare con un avvocato.
Wenden Sie sich bitte an das ...	Per favore, si rivolga al …
deutsche Konsulat.	consolato tedesco.
österreichische Konsulat.	consolato austrịaco.
Schweizer Konsulat.	consolato svịzzero.

anzeigen	denunciạre
aufbrechen	forzare, scassinare
Autoradio	l'autorạdio f
Autoschlüssel	la chiạve della mạcchina
belästigen	infastidire
beschlagnahmen	sequestrare
Brieftasche	portafọglio
Dieb	ladro
Diebstahl	furto
Gefängnis	la prigiọne
Geld	denaro
Geldbeutel	borsellino
Gericht	tribunale
Papiere	i documenti
Personalausweis	carta d'identità
Polizei	polizịa

Polizist/in	l'agente m, f; (Verkehr) il vigile/la vigilessa
Rauschgift	gli stupefacenti
Rechtsanwalt/-anwältin	avvocato
Reisepass	passaporto
Richter/in	giudice m, f
Scheck	assegno
Scheckkarte	carta assegni
Schlüssel	la chiave
Taschendieb	borsaiolo, lo scippatore
Überfall	l'aggressione f; assalto (a una banca)
Verbrechen	delitto
Vergewaltigung	violenza(carnale), stupro
verhaften	arrestare
verlieren	perdere
zusammenschlagen	picchiare

POST

Wo ist ...	Per favore, dov'è …
das nächste Postamt?	l'ufficio postale più vicino?
der nächste Briefkasten?	la prossima cassetta postale?
Was kostet ...	Quanto costa …
ein Brief ...	una lettera …
eine Postkarte ...	una cartolina …
... nach Deutschland?	per la Germania?
... nach Österreich?	per l'Austria?
... in die Schweiz?	per la Svizzera?
Diesen Brief bitte per ...	Questa lettera …, per favore.
Luftpost.	con posta aerea
Express.	per espresso

Absender	il mittente
Adresse	indirizzo
aufgeben	spedire
ausfüllen	compilare
Brief	lettera
Briefkasten	cassetta postale
Briefmarke	francobollo
Briefumschlag	busta
Eilbrief	espresso
Empfänger	destinatario

Formular	mọdulo
frankieren	affrancare
Gebühr	tariffa
Gewicht	peso
Hauptpostamt	posta centrale
Leerung	levata
Luftpost, mit	via aẹrea
Paket	pacco
Porto	affrancatura
Postamt	uffịcio postale
Postkarte	cartolina postale
Postleitzahl	CAP (codice di avviamento postale)
Schalter	sportello

TOILETTE UND BAD

Wo ist bitte die Toilette?	Scusi, dov'è il bagno?
Dürfte ich wohl bei Ihnen die Toilette benutzen?	Scusi, ma dovrei andare in bagno. Posso?
Würden Sie mir bitte den Schlüssel für die Toiletten geben?	Potrebbe darmi la chiave per il bagno, per favore?
Die Toilette ist verstopft.	Il gabinetto è intasato.

Damen	Signore
Handtuch	asciugamano
Handwaschbecken	lavabo, lavandino
Herren	Signori
sauber	pulito
schmutzig	sporco
Seife	il sapone
Toilettenpapier	carta igiẹnica

Wetter: S. 19
Zahlen: Umschlagklappe vorne
Zeitangaben: S. 16/17

DIE 1333 WICHTIGSTEN WÖRTER

Die hinter der italienischen Übersetzung aufgeführten Zahlen verweisen auf die entsprechenden Seiten der themenbezogenen Kapitel.

A

ab da
abbestellen disdire
Abend sera
aber ma
Abfahrt partenza > 31 f., 34
Abflug decollo > 29
ablaufen svọlgere, svọlgersi
ablehnen rifiutare
Abreise partenza > 71
abreisen (nach) partire (per)
Abschied nehmen prẹndere congedo > 12
abschleppen rimorchịare, trainare > 24 f.
Absender il mittente > 116
abwärts in giù
Achtung! attenziọne!
Adresse indirizzo > 116
Adria Adrịatico
Aktivurlaub vacanza attiva > 85 ff.
alle tutti, tutte
allein solo
alles tutto
als (zeitlich) quando; (bei Vergleich) di, che
also dunque, allora
alt vẹcchio; (aus früheren Zeiten) antico
Alter età > 14
Amt (Dienststelle) uffịcio
an a; (nahe bei, neben) vicino a
anbieten offrire
andere, der ~ l'altro
ändern cambịare, modificare
anders (adj) diverso; (adv) diversamente
Anfang inịzio
Angst paụra
anhalten fermare, fermarsi
ankommen arrivare > 32
Ankunft arrivo > 30, 32
Anmeldung l'accettaziọne f
Anreisetag giọrno d'arrivo
Anruf telefonata > 118
anrufen telefonare
Anschluss coincidenza > 30, 32
Anschrift indirizzo
anstatt invece di
anstrengend faticoso
antworten rispọndere
Apotheke farmacịa > 57, 60
Appetit appetito
arbeiten lavorare
ärgern, s. ~ (über) arrabbịarsi (per)
arm pọvero
Art modo, maniẹra
Arzt mẹdico > 113 ff.
auch anche; (nachgestellt) pure
auch nicht neppure
auf su, sopra; (offen) aperto
aufbrechen forzare, scassinare > 115 ; (fortgehen) mẹttersi in cammino
Aufenthalt soggiọrno; (Zug) fermata > 32
aufgeben (Gepäck) consegnare > 30; (Post) imbucare > 116; (verzichten) rinuncịare, darsi per vinto
aufhören smẹttere
aufpassen (auf) stare attento (a)
aufstehen alzarsi
Augenblick istante (m)
aus (Herkunft) da, di; (Material) di; (Grund) a cạusa di
Ausfahrt uscita
Ausflug gita > 81 f.
ausfüllen compilare
Ausgang uscita
Auskunft informaziọne (f)
Auskunftsstelle uffịcio informaziọni > 20 f., 23, 29, 31, 32 ff., 78
Ausländer stranịero
außen fuọri
außer eccetto, tranne
außerdem inoltre
Aussicht vista
aussprechen pronuncịare
aussteigen scendere > 32, 34
Ausweis (Personal~) tẹssera, carta d'identità

WÖRTERBUCH

Auto ạuto f, mạcchina > 23 ff.

Auto fahren guidare

Autopapiere i documenti

B

Baby neonato > 114

Bahnhof la stazịone > 31 f.

bald presto

Bank banca > 111 f.; (Sitz~) panchina

Bar il bar

Baum ạlbero

beachten osservare

Beanstandung reclamo > 38, 70

beantworten rispọndere

bedeuten significare

Bedienung servịzio

beenden finire

befinden, s. ~ trovarsi

befreundet sein ẹssere in amicịzia

befürchten temere

begegnen incontrare

beginnen inizịare

begleiten accompagnare

begrüßen salutare > 10

behalten tenere

behindertengerecht idọneo per/a misura degli handicappati

Behindertentoilette il bagno/la toilette per handicappati

Behörde autorità pụbblica

bei (nahe) vicino a

beide entrambi

Beileid condoglịanze (pl)

Beispiel esẹmpio

beißen mọrdere; (jucken) prụdere, pizzicare

beklagen, s. ~ (über) lamentarsi (di)

belästigen infastidire > 115

beleidigen offẹndere

Belgien Bẹlgio (m)

Belgier/in belga (m/f)

benachrichtigen avvertire

benötigen aver bisogno di

benutzen usare; (Verkehrsmittel) prẹndere

Benzin benzina > 23 f.

Berg monte (m)

Beruf professịone (f)

beruhigen, s. ~ tranquillizzarsi

beschädigen danneggịare

bescheinigen certificare

beschlagnahmen sequestrare

beschließen decịdere

beschweren, s. ~ (über) reclamare (per)

besetzt (Platz) occupato; (voll) tutto pịeno

besichtigen visitare

Besichtigung vịsita > 78 ff.

besitzen possedere

Besitzer proprietạrio

besorgen procurare, provvedere

bestätigen confermare

Besteck le posate

Bestellung l'ordinazịone f > 38

bestimmt (adj) certo; (adv) certamente

besuchen, jdn ~ far vịsita a qlc

Betrag importo, somma > 111

betreten entrare (in)

betrinken, s. ~ ubriacarsi

betrügen ingannare

betrunken ubrịaco; (leicht) un po' allegro

Bett letto

Bewohner abitante (f, m)

bewusstlos privo di sensi > 106 f.

bezahlen pagare

Biene ape (f)

Bild quadro

billig non caro, economico, a buon mercato

bis fino a

bisschen, ein ~ un po'

Bitte domanda > 12

bitte prego; per favore > 12

bitte, wie ~? come scusi?

bitten, jdn um etw ~ chiẹdere qc a qlc

blau blu

bleiben rimanere

Blitz fụlmine (m); (Foto) flash (m)

Blume fịore (m)

Blut il sạngue > 107

Boden suọlo; (Fuß~) pavimento

Boot barca > 84 ff.

böse cattivo; (verärgert) arrabbịato

Botschaft (dipl. Vertretung) ambasciạta

Brand incẹndio

brauchen avẹr bisogno di; (Zeit) impiegare

brechen rọmpere

breit largo

Bremse freno > 24 f.

brennen brucịare

Brief lẹttera > 116

Brieftasche portafọglio > 115
Brille occhịali (pl) > 85
bringen (her-) portare; (weg-) portar via
Brot il pane > 43, 46, 64
Bruder fratello
Buch libro
buchstabieren sillabare
Bucht golfo
Buchung la prenotaziọne > 8 ff., 29 f., 69
Büro uffịcio
Bus l'ạutobus m > 34

C

Café caffè (m)
Camping camping m, campẹggio > 76 f.
Chef capo
Club/Diskothek club/discoteca > 82
Computer computer > 59, 113 f.
Computerhandlung negọzio specializzato in computer > 56, 59
Cousin/e cugino/cugina

D

da (dort) là; (Grund) perché; (Zeit) allora
dafür sein essere favorẹvole
dagegen sein essere contrạrio
daheim a casa
daher (Grund) perciò
damals allora
Dame signora
danach poi, dopo
danke grạzie > 12
danken ringraziạre > 12
dann poi
da sein (anwesend) essere presente
dasselbe lo stesso
Datum data > 17
Dauer durata
dauern durare
defekt difettoso > 24 f.
dein (il) tuo
denken an pensare a
denn poiché
deshalb perciò
Deutsche, der/die tedesco/tedesca
Deutschland la Germạnia
dich ti, te
dick grosso, spesso; (Person) grasso; (geschwollen) gọnfio
Diebstahl furto > 114 f.
diese(r, s) questo, questa
Ding cosa
dir ti, a te
Direktor direttore (m)
Diskothek discoteca > 82
doch certo, sì
Doktor dottore (m)
doppelt (adj) dọppio; (adv) doppiamente
Dorf villạggio
draußen fuọri
drin, drinnen dentro
dringend urgente
Drogerie profumerịa > 56, 58
du tu
dumm stụpido, scemo
dunkel scuro
dünn sottile; (schlank) snello
durch (quer) attraverso; (Mittel) per, con; (Passiv) da
Durchgang trạnsito, passạggio
Durchreise, auf der ~ di passạggio
Durchreisevisum permesso di trạnsito
durchschnittlich (adj) mẹdio; (adv) in mẹdia
dürfen potere
durstig sein avere sete

E

eben (flach) piạno; (zeitlich) prọprio ora
Ebene pianura
echt vero, autẹntico
Ecke ạngolo
Ehe matrimọnio
Ehefrau mọglie (f)
Ehemann marito
Ehepaar cọniugi (pl)
Ei uọvo
Eigenschaft qualità
Eigentümer proprietạrio
eilig frettoloso
ein(e) un/uno/una
Einfuhr importaziọne (f)
Eingang ingresso

einige alcuni, alcune
einigen conciliạre, accordarsi
einkaufen fare la spesa > 54 ff.
einladen invitare
einmal una volta
einreisen entrare (in un paẹse)
eins uno
einsam solo, solitạrio
eintreten entrare
Eintrittskarte bigliẹtto > 83
Einwohner abitante (f, m)
Eisenbahn ferrovịa > 31 f.
Elektrohandlung l'elettricista m > 56, 59
Eltern genitori (pl)
E-Mail-Adresse indirizzo e-mail > 8
Empfang ricevimento
Empfangsbestätigung ricevuta
Empfänger destinatạrio > 116
empfehlen raccomandare
enden finire
endgültig (adj) definitivo; (adv) definitivamente
endlich finalmente
englisch inglese
Enkel/in nipote (m, f)
entdecken scoprire
entfernt lontano
entgegengesetzt opposto
entlang lungo
entscheiden decịdere
entschließen, s. ~ decịdersi
Entschluss risoluziọne (f), decisiọne (f)
entschuldigen, s. ~ scusarsi > 12
Entschuldigung scusa > 12
enttäuscht deluso
entweder ... oder o ... o. . .
entwickeln sviluppare
er lui
Erde terra
Erdgeschoss pianoterra, pianterreno
ereignen, s. ~ accadere
Ereignis avvenimento
erfahren venire a sapere; (adj) esperto
erfreut (über) liẹto (di)
Ergebnis risultato
erhalten ricẹvere; (durch Bemühung) ottenere
erhältlich in vẹndita
erholen, s. ~ rimẹttersi, riposarsi
erinnern, jdn an etw ~ ricordare a qlc qc; s. erinnern ricordarsi
erkennen riconọscere
erklären dichiarare; (deutlich machen) spiegare
erkundigen, s. ~ informarsi
erlauben permẹttere
Erlaubnis permesso
erledigen sbrigare
Ermäßigung riduzione (f) > 105 f., 114
ernst sẹrio
erreichen raggiụngere
Ersatz (Schaden~) indennizzo, risarcimento
erschöpft esaurito
erschrecken spaventare; (erschrocken sein) spaventato
ersetzen sostituịre; (Schaden) risarcire
erst (zuerst) prima; (nicht früher als) solo, soltanto
Erwachsene(r) adulto/adulta
erzählen raccontare
Erziehung educaziọne (f)
es gibt c'è, ci sono
essbar commestịbile
essen mangiạre > 36 ff., 64 f.
etwa circa
etwas qualcosa; (ein wenig) un po'
euch vi, (betont Akkusativ) voi, (Dativ) a voi
euer il vostro
Euro ẹuro > 111
Europa Europa
Europäer/in europẹo/europẹa

F

Fabrik fạbbrica
fahren andare; (lenken) guidare
Fahrkarte bigliẹtto > 32 f., 34
Fahrplan orạrio > 32
Fahrrad bicicletta > 23 ff., 87
Fahrstuhl ascensore (m)
Fahrt viạggio
fallen cadere
falsch sbagliạto; (betrügerisch) falso
Familie famịglia
Familienname il cognome > 22
Farbe tinta, il colore
faul pigro; (Obst) mạrcio
fehlen mancare

Fehler (den man macht) sbạglio; (den man hat) difetto
Feiertag giọrno festivo > 18 f.
Feld campo
Fels rọccia
Ferien fẹrie (pl)
Ferienhaus casa per le vacanze > 9, 74 f.
Ferngespräch interurbana > 117 f.
fertig (bereit) pronto; (vollendet) finito
fest fermo, saldo; (hart) duro
Festland terraferma > 33
Fett grasso
feucht ụmido
Feuer fuọco
Feuerlöscher estintore (m)
Feuermelder segnalatore (m) d'incendio
Feuerwehr vigili (pl) del fuọco, pompiẹri (pl)
Film pellịcola; (Kino) film (m) > 83
finden trovare
Firma ditta
Fisch pesce (m) > 45, 48 f., 64
Fischhändler pescivẹndolo
Flasche bottịglia
Fleisch carne (f) > 44, 48, 64
Fliege mosca
fliegen volare
fließen scọrrere
Flirt flirt (m) > 15 f.
Flug volo > 29 f.
Flugzeug ạereo > 29 f.
Fluss fiụme (m)
folgen seguịre; (gehorchen) ubbidire
fordern chiẹdere
Formular formulạrio, mọdulo
fort via
fortsetzen continuạre
Foto foto (f), fotografịa
Fotoartikel gli artịcoli fotogrạfici > 56, 59
fotografieren fotografare > 113
Frage domanda; (Problem) questiọne (f), problema (m)
fragen mandare
frankieren affrancare > 116
französisch francese
Frau donna; (Anrede vor Namen) signora; (Ehefrau) mọglie (f)
frei lịbero; (gratis) gratụito; frei (von Abgaben) esente da dạzio
Freien, im ~ all'aperto
fremd (ausländisch) straniẹro; (unbekannt) sconosciụto
Fremde, der/die forestiẹro/forestiẹra; (Ausländer) straniẹro/a
Fremdenführer guịda (f), il cicerone > 79 f.
Freude giọia
freuen, s. ~ über/auf rallegrarsi di
Freund/in amico/amica
freundlich amichẹvole
Freundlichkeit gentilezza, cortesịa
Friede pace (f)
frieren avẹr freddo
frisch fresco; (Wäsche) pulito
Friseur il parrucchiẹre > 56, 61
froh (zufrieden) contento; (glücklich) felice; (lustig) allegro
früh presto
Frühstück la prima colaziọne > 46, 70
fühlen sentire
Führer (für Fremde) guịda
Führerschein la patente
Führung vịsita guidata > 79
Fundbüro uffịcio oggetti smarriti > 113
funktionieren funzionare
für per
fürchten temere; **s. ~ vor** avẹr paụra di
fürchterlich spaventoso

G

Gabel forchetta
Gang (Auto) mạrcia; (Durchgang) passạggio; (Essen) portata, piạtto; (Flur) corridọio
ganz (adj) tutto, (adv) interamente, completamente
Garage garạge (m)
Garantie garanzịa
Garten giardino
Gast ọspite (m)
Gastgeber/in ọspite (m, f), padrone/padrona di casa
Gasthaus/Gasthof trattorịa
Gebäude edifịcio > 80
geben dare
Gebet preghiẹra
Gebirge montagna > 81
geboren nato
Gebühren tasse (pl)

Geburt nạscita
gebürtig aus nativo di
Geburtsdatum data di nạscita
Geburtsname il nome da ragazza
Geburtsort lụogo di nạscita
Geburtstag compleạnno > 12
Gedanke pensiẹro
gefährlich pericoloso
Gefallen favore (m); **gefallen** piacere
Gefängnis la prigiọne > 115
Gefühl sentimento
gegen contro; (in Richtung auf, zeitlich) verso
Gegend regiọne (f), luọgo
Gegenstand oggetto; (Gesprächs~) argomento
Gegenteil contrạrio; **im ~** al contrạrio
geheim segreto
gehen andare; (zu Fuß) camminare
gehören appartenere
Geistlicher il sacerdote, il prete
gelb giạllo
Geld denaro > 111
Geldautomat il bạncomat, sportello > 111
Geldbeutel portamonete (m)
Geldstrafe ammenda, multa
Geldstück moneta
Geldwechsel cạmbio > 111 f.
Gelegenheit occasiọne (f)
gemeinsam (adj) comune; (adv) insiẹme
gemischt misto
Gemüse verdura > 41, 49 f., 64
genau preciso
genau so ... wie tanto … quanto
genießen godere
genug sufficiẹnte
geöffnet aperto
Gepäck bagạglio > 29 f., 32
geradeaus diritto
Gericht (Speise) pietanza; (Justiz) tribunale > 115
gern volentiẹri
Geruch odore (m)
Geschäft (Laden) negọzio > 54 ff.; (Handel) affare (m)
geschehen succẹdere
Geschenk regalo
Geschichte stọria
geschlossen chiụso
Geschmack gusto, sapore (m)
Geschwindigkeit velocità
Gesellschaft società, associaziọne (f), compagnịa
Gespräch conversaziọne (f)
gesund sano
Gesundheit salute (f)
Getränk bevanda > 38, 45, 51 ff., 64
getrennt separato
Gewicht peso
gewinnen vịncere, guadagnare
gewiss (adj) certo; (adv) certamente
Gewitter temporale (m)
Gibt es ...? C'è/Ci sono …?
Gift veleno
Gipfel cima, punta
Gitarre chitarra
Glas (Scheibe) vetro; (Trink~) bicchiẹre (m)
Glaube fede (f)
glauben crẹdere
gleich uguale; (sofort) sụbito
Glück felicità; (Erfolg) fortuna
glücklich felice, fortunato
Glückwunsch augụrio > 12
Gott Dio
Gottesdienst messa, la funziọne sacra > 80
Grab tomba
Grad grado
gratulieren congratularsi, fare gli auguri
grau grịgio
Grenze frontiẹra, confine (m) > 22
groß grande; (bedeutend) importante; (Statur) alto
Größe (Ausdehnung, geistige ~) grandezza; (Kleidung, Schuhe) misura; (Körper~) statura
Großmutter nonna
Großvater nonno
grün verde
Grund cạusa; (Beweg~) motivo
Gruppe gruppo
grüßen salutare
gültig vạlido > 22
gut (adj) buọno; (adv) bene

H

Haare i capelli m pl > 61
haben avere
Hafen porto > 32 f.
halb mezzo

Halle sala, padiglione (m)
hallo (Tel) pronto; (Gruß) ciao
halt! alt!
halten tenere; (stehen bleiben) fermarsi; (dauern) durare
Haltestelle fermata > 34
Handy il cellulare/telefonino > 118 f.
hart duro
hässlich brutto
häufig (adv) spesso
Haus casa
Hausbesitzer il padrone di casa > 74
hausgemacht fatto in casa
Haushaltswaren articoli casalinghi
heilig santo, solenne
Heimat patria
heimlich (adj) segreto, (adv) di nascosto
Heimreise ritorno in patria, rientro
heiraten sposare
heiß caldo
heißen chiamarsi, significare
heiter sereno
Heizung riscaldamento > 70 f.
helfen jdm ~ aiutare qlc
hell chiaro
herein! avanti!
hereinkommen entrare, venire dentro
Herkunft provenienza > 14
Herr signore; (vor Namen) signor
heute oggi
hier qui
Hilfe aiuto
Himmel cielo
hinlegen mettere; s. ~ sdraiarsi
hinsetzen, s. ~ sedersi
hinter dietro
Hobby hobby (m)
hoch alto
Hochzeit (Feier) nozze (pl)
hoffen sperare
höflich cortese
Höhe altezza
Höhepunkt punto culminante
Holz legno; (Brenn~) legna
Honorar onorario
hören udire, sentire
Hotel hotel (m) > 6 ff., 68 ff.
hübsch grazioso, bellino
Hügel collina
Hund cane (m)
Hunger fame (f)
hungrig affamato
Hütte capanna; (Alpenhütte) baita

I

ich io
Idee idea
ihr (Possessivpronomen, f) (il) suo, la sua
Imbiss spuntino
immer sempre
imstande sein essere capace di
in in
inbegriffen compreso
informieren informare
Inhalt contenuto
innen dentro
Innenstadt centro
innerhalb (zeitlich) entro
Insekt insetto
Insel isola
interessieren, s. ~ (für) interessarsi (di)
international internazionale
Internet internet
Internetadresse sito internet > 8
irren, s. ~ sbagliarsi
Irrtum errore (m)
Italien Italia
Italiener/in italiano/italiana

J

Jahr anno
Jahreszeit stagione (f) > 18
jeder (adj) ogni; (Pronomen) ognuno
jedesmal ogni volta
jemand qualcuno
jetzt ora
Jugendherberge ostello per la gioventù
jung giovane
Junge ragazzo
Junggeselle scapolo

WÖRTERBUCH

K

Kabine cabina > 33

Kaffee caffè (m) > 46, 52 f., 64

kalt freddo

Kanal canale (m)

Kapelle (Gebäude) cappella > 80; (Musikkapelle) banda (musicale)

kaputt rotto

Käse formaggi > 43, 50, 64

Kasse cassa

Katze gatta, (Kater) gatto

Kauf cọmpera

kaufen comprare

kaum appena

Kaution cauziọne (f)

kein nessuno

keine(r, s) alcuno, nessuno

Kellner/in il cameriẹre / la cameriẹra

kennen conọscere

kennenlernen, jdn conọscere qd, fare la conoscenza di qd > 10 ff.

Keramik cerạmica

Kind bambino

Kino il cịnema > 83

Kirche chiesa > 80

Kissen cuscino

Kleidung abbigliamento > 62 f.

klein pịccolo; (Statur) basso

Kleingeld gli spịccioli, moneta > 112

Klima clima (m)

Klingel campanello

klingeln suonare

klug intelligente

Kneipe osterịa, trattorịa > 39, 82

knipsen (Photo) fotografare

kochen cucinare; (Kaffee, Tee) fare; (Wasser) bollire

Koffer valịgia

Kohle carbone (m)

kommen venire

Kompass bụssola

Komplimente complimenti > 13 f.

Kondom preservativo, profilạttico

Konfession la confessiọne, la religiọne

können potere; (gelernt haben) sapere

Konsulat consolato

Kontakt contatto

kontrollieren controllare

Konzert concerto > 83

Körper corpo > 107 ff.

kosten costare

krank malato > 106 ff.

Krankenhaus l'ospedale m > 107 ff.

Krankenwagen autoambulanza

Krankheit malattịa > 106 ff.

Kreditkarte carta di crẹdito > 54, 112

Krieg guerra

kritisieren criticare

Küche cucina

kühl fresco

Kultur cultura > 78 ff.

Kummer dolore (m), dispiacere (m)

kümmern, s. ~ um occuparsi di

Kurs corso; (Wechsel~) cạmbio > 112

Kurve curva

kurz (räumlich) corto; (zeitlich) breve

kürzlich recentemente

Kuss bạcio

küssen baciạre

Küste costa

L

lachen rịdere

Laden negọzio

Lage situaziọne (f); (eines Ortes) posiziọne (f)

Land pạese (m); (Gegensatz zu Wasser) terra

Landkarte carta geogrạfica > 67

Landschaft paesạggio > 81

lang lungo

Länge lunghezza

langsam (adj) lento; (adv) lentamente, piạno

langweilig noiọso

Lärm rumore (m), chiạsso

lassen lasciạre

lästig seccante

Lastwagen il cạmion

laufen cọrrere

laut rumoroso

Lautsprecher altoparlante (m)

Leben vita; **leben** vịvere

leben vịvere

Lebensmittel alimentari (pl) > 41 ff., 64 f.

ledig (Mann) cẹlibe; (Frau) nụbile > 22

leer vuọto

legen mẹttere

leicht fạcile; (Gewicht) leggero; (geringfügig) lịeve
leider purtroppo
leihen prestare > 29, 77, 85
leise pịano, a bassa voce
Leiter, der direttore (m)
Leiter, die scala
lesen lẹggere
letzte(r, s) ụltimo/ụltima
Leute gente (f)
Licht luce (f)
lieb caro
lieben amare
liebenswürdig caro, gentile, amabile
lieber (adv) piuttosto
Lied canzone (f)
liegen giacere
links a sinistra
Loch buco
Löffel cucchịaio
Lohn compenso, prẹmio, retribuziọne (f)
Lokal (Gaststätte) ristorante (m) > 36, 39; (Tanz~) discoteca > 82
löschen spẹgnere
Luft ạria
Lüge bugịa
lustig allegro; (erheiternd) divertente

M

machen fare; (herstellen) produrre
Mädchen ragazza
Mahlzeit pasto
Mal volta
man si
manchmal a volte
Mangel (Fehlen) mancanza; (Fehler) difetto
Mann uọmo; (Ehe~) marito
männlich maschile
Markt mercato > 56, 81
Maschine mạcchina
Maße le misure
Medikament medicina, fạrmaco > 57, 60, 116
Meer mare (m)
mehr più
mein (il) mio
meinen pensare, ritenere, crẹdere
meinerseits da parte mia
Meinung opiniọne
Mensch uọmo
merken notare; s. etw. ~ tenere a mente qc
Messe (relig.) messa; (Ausstellung) mostra, fiẹra
Messer coltello
mich mi, me
Miete pigiọne (f), affitto > 74
mieten affittare
Mietwagen macchina a noleggio > 29
mindestens per lo meno
minus meno
Minute minuto
mir mi, a me
misstrauen, etw/jdm diffidare di qc, qlc/non fidarsi di qc, qlc
missverstehen fraintẹndere
mit con
mitbringen portare con sè
mitnehmen portare con sé, portarsi dietro
Mittag mezzogiọrno
Mittagessen pranzo, il desinare > 36 ff.
Mitte mezzo, centro
mitteilen comunicare
Mittel mezzo; (Heil~) medicina > 57, 60
Mittelmeer Mediterrạneo
Möbel mọbile (m)
Mode moda > 62 f.
modern moderno
mögen (gern haben) piacere; (wünschen) volere
möglich possịbile
Moment momento, istante (m)
Monat mese (m) > 18
Mond luna
Morgen mattino, mattina
morgens la mattina (presto)
Motor il motore > 24, 27
Motorrad motocicletta > 23 ff.
Mücke zanzara
müde stanco
Mühe sforzo
Müll immondịzia
Münze moneta > 112
Museum musẹo > 79, 81
Musik mụsica
müssen dovere
Mutter madre (f)

N

nach dopo
Nachbar/in vicino/vicina
nachher dopo, poi
nachmittags il pomeriggio
Nachricht notizia
nachsehen seguire con lo sguardo, verificare, controllare
nächste prossimo
Nacht notte (f)
Nachtclub il night-club > 82
nackt nudo
nahe vicino
Nähe vicinanza
Nahverkehr trasporti pubblici > 34 f.
Name nome (m) > 11
nass bagnato; (durchnässt) inzuppato
Nation nazione (f)
Natur natura
natürlich (adj) naturale; (adv) naturalmente
neben vicino a
Neffe nipote (m)
nehmen prendere
nennen chiamare
nervös nervoso
nett simpatico; (freundlich) gentile
neu nuovo; (kürzlich) recente
neugierig curioso
Neuigkeit novità
neulich l'altro giorno
nicht non
nicht einmal neppure
nicht wahr? non è vero?
Nichte nipote (f)
nichts niente
nie mai
nieder, niedrig basso
niemand nessuno
nirgends in nessun luogo
noch ancora
Norden nord (m)
normal normale
Notausgang uscita d'emergenza > 30
Notbremse freno d'emergenza > 32
nötig necessario
Notrufsäule telefono d'emergenza > 27
Nummer numero
nur solo, soltanto

O

ob se
oben sopra, sù
Ober (Anrede) cameriere > 38
Obst la frutta > 42, 46, 51, 65
oder oppure
Ofen stufa
offen aperto
öffentlich pubblico
öffnen aprire
Öffnungszeiten orari d'apertura
oft spesso
ohne senza
ohnmächtig svenuto, senza conoscenza
Öl olio
Onkel zio
Optiker ottico > 56, 65
Organe, innere interni organi > 107 ff.
Ort luogo
Ortschaft località
Osten est (m)
Österreich Austria
Österreicher/in austriaco/austriaca
Ozean oceano

P

Paar, ein ~ un paio di; (Ehe~) coppia
paar, ein ~ alcuni
Päckchen pacchetto
packen (Koffer) fare le valigie
Paket pacco > 117
Panne guasto > 24, 27
Papiere i documenti > 27, 115
Park parco, giardino pubblico
parken parcheggiare > 23
Pass passaporto; (Gebirge) passo
Passagier passeggero
passieren succedere
Passkontrolle controllo passaporti > 22
Pension la pensione > 8 f., 68 ff.
Person persona
Personal personale (m)
Personalausweis carta d'identità
Personalien generalità (pl)
Pfand pegno
Pflanze pianta

Pflicht dovere (m)
Platz piạzza > 81; (Sitz~) posto
plötzlich improvviso
plus più
Politik polịtica
Polizei polizịa > 114 ff.
Portier il portiẹre
Postamt uffịcio postale > 56, 116 f.
Preis (Geld) prezzo; (Sieges~, Gewinn) prẹmio
Priester prete (m)
pro a, per
Programm programma (m) > 83
Promille per mille
Prozent percento
prüfen controllare
pünktlich (adj) puntuạle, (adv) puntualmente
putzen pulire

Q

Qualität qualità
Qualle medusa
Quelle sorgente (f), fonte (f)
quittieren dare la ricevuta

R

Rabatt sconto
Rad fahren andare in bicicletta > 23 ff., 87
Radio rạdio (f); (~apparat) apparẹcchio rạdio
Rampe rampa
Rand orlo
rasch (adj) svelto, rạpido; (adv) rapidamente
Rasen prato
Raststätte la staziọne di servịzio, posto di ristoro
raten consigliạre; (erraten) indovinare
Rathaus municịpio > 81
rauchen fumare
Raucher fumatore
rechnen calcolare; (zusammen~) sommare
Rechnung conto
Rechnungsbetrag importo
Recht diritto
Recht haben avẹr ragiọne
rechts a destra
rechtzeitig (adv) a tempo, in tempo
reden discọrrere, parlare
regeln regolare
Regierung governo
regnen piọvere
reich ricco
Reihe fila
reinigen pulire
Reise viạggio
Reisebüro agenzịa di viạggi
Reiseführer guịda (m) > 67
reisen viaggiạre
Reisepass passaporto > 22, 116
Reiseroute itinerạrio
Reisescheck assegno turịstico, il traveller's chèque > 111 f.
reklamieren reclamare > 38, 70
Reparatur riparaziọne (f)
Reparaturwerkstatt officina > 24
Reservierung la prenotaziọne
Rest resto; (Stoff~) scạmpolo
Restaurant ristorante (m) > 36 ff.
retten salvare
Rettungsboot scialuppa di salvatạggio > 33
Rezeption l'accettaziọne f, la reception > 69 f.
richtig giusto; (geeignet) adatto
richtigstellen rettificare, mẹttere a posto
Richtung direziọne (f)
Risiko rịschio
Rollstuhl carrozzella, sẹdia a rotelle
rot rosso
Route itinerạrio
Rückkehr ritorno
rufen chiamare
Ruhe riposo; (seelisch) pace (f); (Stille) silẹnzio
ruhig tranquillo
rund rotondo

S

Saal sala
Sache cosa; (Angelegenheit) faccenda
sagen dire
Saison stagiọne (f)
sammeln raccọgliere
satt sạzio, satollo
Satz frase (f)

sauber pulito
schade, es ist ~ è un peccato
schaden nuọcere, danneggiạre
Schaden danno
Schadenersatz risarcimento dei danni
schädlich dannoso
Schalter (Bank, Post ...) sportello > 111 f., 117; (elektr. ~) interruttore (m)
schauen guardare
Scheck assegno > 111 f.
schenken regalare
Scherz scherzo
schicken mandare
Schiff la nave > 32 f.
Schild insegna, targa, segnale (m)
schimpfen imprecare, sgridare
Schirm ombrello
schlafen dormire
schlank snello
schlecht (adj) cattivo, (Wetter) brutto; (adv) male
schließen chiụdere
Schloss castello > 81; (Tür) serratura
Schlüssel la chiạve > 70 f., 74
Schmerzen i dolori
Schmuck gioiẹllo > 65 f.
schmuggeln fare contrabbando
Schmutz sporcịzia; (Schlamm) fango
schmutzig sporco
schneiden tagliạre
schneien nevicare
schnell (adj) rapido, veloce; (adv) presto, rapidamente, velocemente, in fretta
Schnellimbiss spuntino
schon già
schön bello
schrecklich terrịbile
schreiben scrịvere
Schreibwaren artịcoli di cartolerịa > 67
schreien gridare
Schrift (Hand~) calligrafịa
schriftlich per iscritto
schüchtern intimidire
Schuh scarpa > 66
Schuld colpa; (Geld) dẹbito
schulden dovẹre
Schuss colpo
Schutz protezịone (f)
schwach dẹbole
Schwager cognato
Schwägerin cognata
schwanger incinta, grạvida
schwarz nero
Schweigen silẹnzio
schweigen tacere
schweigend silenziọso
Schweiz Svịzzera (f)
Schweizer/in svịzzero/a, elvẹtico/a
schwer pesante; (Krankheit) grave; (schwierig) diffịcile
Schwester sorella; (Kranken~) infermiẹra; (Ordens~) suọra
schwierig diffịcile
Schwimmbad piscina
schwimmen nuotare > 84 ff.
Schwindel (medizin.) le vertịgini
schwitzen sudare
See (Meer) mare (m)
See, der ~ lago
Seeigel rịccio (di mare)
sehen vedere
Sehenswürdigkeiten le cose da vedersi > 78 ff.
sehr molto
sein (Possessivpronomen) (il) suo, la sua
seit da
Seite parte (f), lato; (Buch) pạgina
Sekunde secondo
Selbstbedienungsladen il self-service
selten (adj) raro; (adv) raramente
senden inviạre, mandare
Sendung (Radio, Fernsehen) trasmissịone (f)
servieren servire
setzen mẹttere; s. ~ sedersi
Sex sesso
sicher (adj) sicuro; (adv) certamente
Sicherheit sicurezza; (Garantie) garanzịa
Sicherheitsnadel spillo di sicurezza
Sicherung sicurezza
Sicht vista
sichtbar visịbile
sie lei, (pl) loro; **Sie** Lei, (pl) voi, Loro
singen cantare
sitzen sedere
Smalltalk smalltalk > 14 f.
so così
sofort sụbito
sogar pure, magari
Sohn fịglio
sollen dovere
Sonne sole (m)

Sonnenbrille occhiạli da sole (pl)
sonnig soleggiạto, assolato
sorgen für pensare a; s. ~ um preoccuparsi di
Sorte spẹcie (f); (Zigaretten) marca
Souvenirs souvenir > 66 f.
Spaß (Scherz) scherzo; (Vergnügen) divertimento
spät tardi
später più tardi
spazieren gehen passeggiạre
Speisekarte il menụ > 38, 46 ff.
spielen (Spiel) giocare; (Instrument) suonare
Spielzeug giocạttolo
Sport sport (m) > 84 ff.
Sportplatz campo sportivo
Sprache lịngua
sprechen parlare
Staat Stato (m)
Staatsangehörigkeit nazionalità
Stadt città
Stadtplan pianta della città > 667, 78
Stadtrundfahrt giro della città > 78, 81
stammen derivare, provenire, discẹndere
statt invece di
stattfinden aver luọgo
stechen pụngere
stehen stare (in piedi)
stehen bleiben fermarsi
stehlen rubare
steigen salire
steil rịpido
Stein piẹtra
Stelle posto
stellen mẹttere
Stellung posiziọne (f); (Anstellung) impiẹgo
sterben morire
Stern stella
Stil lo stile
still silenziọso
Stimme voce (f)
Stockwerk piạno
Stoff stoffa
stören disturbare
stornieren annullare > 29 f.
Störung disturbo; (Unterbrechung) l'interruziọne (f)
stoßen spịngere
Strafe pena; (Geld~) multa
Strand spiạggia > 84 ff.
Straße via, strada; (Landstraße) strada provinciạle
Straßenkarte carta automobilịstica > 28
Strauß (Blumen) mazzo
Strecke tratto; (Bahn~) lịnea
Strom (Fluss) fiụme (m); (elektr. ~) corrente (f) (elettrica)
Stück pezzo
studieren studiạre
Stuhl sẹdia
Stunde ora
suchen cercare
Süden sud (m)
Summe somma, importo
Supermarkt supermercato > 56

T

Tabak tabacco
Tag giọrno
Tankstelle staziọne di servịzio > 23, 28
Tante zia
tanzen ballare > 82
Tätigkeit attività
tauschen cambiạre
täuschen, s. ~ sbagliạrsi
Taxi tassì (m) > 35
Teil parte (f)
teilnehmen (an) prẹndere parte (a)
Telefon telẹfono > 117 f.
telefonieren telefonare > 117 f.
Temperatur temperatura > 19
Termin tẹrmine (m), data; (Frist) scadenza
teuer caro
Theater teạtro > 83
tief profondo; (niedrig) basso
Tier animale (m)
Tisch tạvolo, tạvola
Tochter fịglia
Tod morte (f)
Toilette toilette (f), gabinetto > 37, 70, 72, 119
Ton tono; (Betonung) accento; (Farbe) tono, tonalità
Tonwaren cerạmiche (pl)
Topf (Koch~) pẹntola
Töpferei l'arte f di vasạio
tot morto
tragen portare; (er~) sopportare

träumen sognare
traurig triste
treffen incontrare; (an~) trovare
Treppe scala
treu fedele
trinken bere
Trinkgeld mancia > 35, 40
Trinkwasser acqua potabile
trotzdem ciò nonostante, tuttavia
tschüss ciao
tun fare
Tunnel tunnel (m), galleria
Tür porta; (Haus~) portone (m)
typisch tipico, caratteristico

U

U-Bahn metropolitana > 34
Übelkeit nausea > 110
über sopra, su
überall dappertutto
überfallen attaccare, aggredire
überholen sorpassare
übernachten pernottare > 68 ff.
überqueren attraversare
überrascht sorpreso
Übersee oltremare (m)
übersetzen tradurre
überweisen (Geld) rimettere, inviare
Ufer sponda
Uhr (Armbanduhr) orologio da polso
Uhrzeit l'ora > 16 f.
um (herum) intorno a; (Zeitangabe) alle
umarmen abbracciare
umbuchen cambiare il biglietto > 30
Umleitung la deviazione
umsonst (gratis) gratis; (vergeblich) invano
umsteigen cambiare
umtauschen cambiare > 111 f.
Umwelt ambiente (m)
umziehen cambiare casa; s. ~ cambiarsi
unbedingt (adv) assolutamente
unbekannt sconosciuto
und e
und so weiter e così via, eccetera
Unfall incidente (m) > 25
unfreundlich sgarbato
ungefähr circa, quasi
ungern malvolentieri
ungesund dannoso, malsano
ungewiss incerto, dubbio
Unglück sfortuna, disgrazia
unglücklich infelice, sfortunato
ungültig invalido
unhöflich scortese
Unkosten spese (pl)
unmöglich impossibile
unruhig irrequieto, agitato
uns ci, (betont Akkusativ) noi, (Dativ) a noi
unschuldig innocente
unser (il) nostro
unter sotto; (zwischen) tra, fra
unter anderem fra l'altro
unterbrechen interrompere
Unterführung sottopassaggio
Unterhaltung (Gespräch) conversazione (f); (Vergnügen) divertimento > 82 f.
Unterkunft alloggio
Unterschied differenza
Unterschrift firma > 111 f.
Untersuchung l'esame m
unterwegs per la strada
unverschämt sfacciato
unwohl indisposto
Urlaub vacanza, ferie (pl)
Ursache causa
urteilen giudicare

V

Vater padre (m)
Verabredung appuntamento > 15 f.
verabschieden, s. ~ congedarsi, accomiatarsi
verändern cambiare
Veranstaltung manifestazione (f); (Aufführung) spettacolo
Veranstaltungskalender calendario delle manifestazioni > 83
verantwortlich responsabile
verbieten proibire
verbinden legare; (Wunde) fasciare; (Telefon) mettere in comunicazione
Verbindung relazione (f), rapporto, contatto; (Telefon) comunicazione (f)
verboten vietato
verbrennen bruciare

verdienen guadagnare; (wert sein) meritare
vereinbaren accordarsi su
Verfassung costituzione (f); (Zustand) stato
Vergangenheit passato
vergessen dimenticare
Vergewaltigung violenza(carnale), stupro > 116
Vergiftung avvelenamento > 110
vergleichen comparare, confrontare
Vergnügen piacere (m)
verheiratet mit sposato con
Verhütungsmittel anticoncezionale (m)
verirren, s. ~ smarrirsi
Verkauf vendita
Verkehr traffico
Verkehrsbüro ente (m) per il turismo
verlängern allungare; (zeitlich) prolungare
verlassen lasciare, abbandonare
verlieren perdere > 113
verloben, s. ~ mit fidanzarsi con
Verlobte, der/die fidanzato/fidanzata
Verlust perdita
vermieten affittare > 74
versäumen (verpassen) perdere
verschieben (zeitlich) rimandare
verschieden diverso
verschreiben prescrivere > 106
Versehen, aus ~ erroneamente, per sbaglio
Versicherung assicurazione (f)
verspäten, s. ~ ritardare
Versprechen promessa; versprechen promettere
verständigen, jdn ~ informare qlc; s. ~ intendersi
Verständigungsschwierigkeiten difficoltà di comprensione
verstehen capire
versuchen tentare; (Speisen) assaggiare
Vertrag contratto
verunglücken avere un incidente/infortunio
verwandt imparentato
verwechseln scambiare
Verzeichnis elenco
verzeihen scusare, perdonare
verzollen sdoganare
viel molto
vielleicht forse
Visum visto > 22
Volk popolo
voll pieno; (ganz) tutto; (~besetzt) pieno, al completo
Vollpension pensione completa > 70, 72
von da, di
vor (räumlich) davanti a; (zeitlich) prima di
vor allem soprattutto, anzitutto
Voranmeldung preavviso
vorbei (örtlich) davanti; (zeitlich) passato
vorher prima
vormittags la mattina
Vorname il nome > 22
Vorort, Vorstadt sobborgo
Vorsaison bassa stagione f > 72
Vorschrift regolamento
Vorsicht precauzione (f)
Vorsicht! attenzione!
Vorstellung presentazione (f); (Theater) rappresentazione (f), spettacolo > 83 f.
Vorverkauf prevendita > 84
Vorwahlnummer prefisso > 117 f.
vorziehen preferire

W

wach sveglio
wählen scegliere; (Politik) votare; (Telefon) formare il numero
wahr vero
wahrscheinlich (adj) probabile; (adv) probabilmente
Währung valuta > 112
Wald bosco > 82
Wanderkarte mappa dei sentieri > 67, 88
wandern camminare > 88
Wann? Quando?
Seit wann? Da quando?
warm caldo
warnen (vor) avvertire (di)
warten aspettare
Wartesaal sala d'aspetto
Wartezimmer sala d'aspetto
Warum? Perché?
was cosa, che cosa
Was? Che cosa?
was für ein/eine ... ? quale … ?
waschen lavare
Wasser acqua
wechseln (Geld) cambiare > 111

WÖRTERBUCH

Weg via; (Pfad) sentiẹro; (Straße) strada
weg via
wegen a cạusa di, per
weggehen andạr via
Wegweiser il segnavịa
wehtun far male
weiblich femminile
weich mọrbido; (Ton, Farbe) tẹnue
weigern, s. ~ rifiutarsi
weil perché
weinen piạngere
weiß biạnco
weit (Gegenteil von eng) largo, ạmpio; (Weg) lungo; (entfernt) lontano
Welche(-r, -s)? Quale (sing)?/Quali (pl)?
Welt mondo
Wem? A chi?
Wen? Chi?
wenig poco
wenig, ein ~ von ... un po' di
weniger (di) meno
wenn (Bedingung) se; (zeitlich) quando
Werkstatt officina > 24, 28
werktags nei giọrni feriạli
Wer? Chi?
Wert valore (m)
wert, viel ~ sein avere un grande valore
Wessen? Di chi?
Westen Occidente (m)
Wetter tempo > 19
wichtig importante
wie (Frage) come?; (Vergleich) come
Wie lange? Per quanto tempo?
Wie viel? Quanto/Quanta?
Wie viele? Quanti/Quante?
wieder di nuọvo
wiederholen ripẹtere
wiederkommen ritornare
wieder sehen rivedere
wiegen pesare
willkommen benvenuto
wir noi
Wirt padrone (m), oste (m)
Wo? Dove?
Woche settimana > 18
Woher? Da/Di dove?
Wohin? Dove?
wohnen abitare
Wohnort/-sitz domicịlio, residenza > 122
Wohnung appartamento
wollen (wünschen) volere
Wozu? A che cosa?
wünschen desiderare
Wurst salume > 44,46
wütend arrabbiạto, infuriạto

Z

Zahl nụmero
zahlen pagare
Zahlung pagamento
Zahnarzt dentista > 106
zeigen mostrare; (hinweisen) indicare
Zeit tempo > 16 ff.
Zeitangaben espressioni per indicare l'ora > 16 ff.
Zeitschrift rivista > 67
Zeitung giornale (m) > 67
Zeitungskiosk edịcola (dei giornali)
Zentrum centro
zerbrechlich frạgile
zerstören distrụggere
Zeuge testimone (m)
ziehen tirare
Ziel scopo; (Reiseziel) meta
Zigarette sigaretta
Zimmer cạmera > 6 ff., 68 ff.
Zoll dogana > 22
Zollamt uffịcio doganale
Zollbeamter il doganiẹre
Zollgebühren i diritti doganali
zornig in cọllera, arrabbiạto
zu (Richtung Sachen) a; (Richtung Personen) da; (geschlossen) chiụso; (mit adj) troppo
zufrieden contento, soddisfatto
Zug treno > 31 f.
zuhören ascoltare
zumachen chiụdere
zurück indiẹtro
zusammen insiẹme
zusätzlich supplementare, in più
zuschauen guardare
Zuschlag supplemento > 32
zuschließen chiụdere a chiạve
zuständig competente
zustimmen aderire, acconsentire
zu viel troppo
zweifeln, an etw. dubitare di qc
zwischen tra, fra

> BLOSS NICHT!

So vermeiden Sie Fettnäpfchen

Insider Tipps

Je kälter, umso heißer *

Puh, 32 Grad im Schatten, jetzt wäre ein eiskaltes Wasser genau das Richtige. Also her mit der *caldo* Erfrischung! Doch Ihre Vorfreude bekommt leider gleich einen herben Dämpfer – mit einem Heißgetränk. Wenn Sie Ihre Körpertemperatur wirklich kühlen wollen, dann dringend eine *acqua fredda* bestellen. Bei *calda* wird Ihnen schlicht noch heißer ...

*

Zimmer statt Kameras

Sollte Ihnen im Urlaub bedauerlicherweise Ihre Kamera kaputtgehen, fragen Sie nicht danach, wo Sie eine neue *camera* bekommen. Man wird Sie – zu Ihrem Erstaunen – zum nächsten Hotel schicken. Eventuell haben die auch noch *una camera* frei. Bloß – was fangen Sie mit noch einem Zimmer an?

Ziemlich versalzen

Wenn Sie zu Ihren leckeren Spaghetti noch einen *salata* ordern, kann es passieren, dass alles ziemlich versalzen (eben *salata*) bei Ihnen ankommt, und Ihre Beschwerde wird auf wenig Verständnis stoßen. Sie vermeiden dieses Missverständnis, indem Sie ganz einfach einen *insalata* (Salat) bestellen.

Höchst unappetitlich

Oft muss man sich an die Esssitten fremder Länder erst gewöhnen. Nicht jeder mag Hund, Schlange oder Heuschrecke. Italien scheint alles Exotische zu übertreffen. Bieten die italienischen Speisekarten wirklich *cozze* an? Lassen Sie sich nicht abschrecken! *Miesmuscheln* werden meist sehr gut zubereitet.

Katzenschwanz?

In Italien gibt es unendlich viele Katzen jeglicher Rasse und Farbe. Katzenliebhaber werden begeistert sein. Nur zeigen Sie bitte kein Interesse an *cazzos*. Nicht jeder Italiener schätzt ein Gespräch über das männliche Glied (*cazzo* ist zu allem Unglück noch eine sehr vulgäre Bezeichnung). Dagegen können Sie sich völlig unbefangen über eine *gatto* unterhalten.

Bist du aber dick geworden!

So etwas sagt man natürlich nicht. Nur, wenn Sie stolzen italienischen Eltern bekunden, dass deren Kinder *grossi* geworden sind, dann haben Sie gerade leider genau das getan. Sie zaubern jedoch ein Lächeln auf die Gesichter, indem Sie darüber staunen, wie groß die Kinder geworden sind: *„Come si sono fatti/e grandi!“*